RÉFORME

DE LA

MAGISTRATURE

ET DE LA

PROCÉDURE

PAR

L.-A. EYSSAUTIER

Docteur en droit, Juge d'instruction

RÉDACTEUR DE PLUSIEURS RECUEILS DE JURISPRUDENCE

Deuxième Édition.

LYON

CHEZ TOUS LES LIBRAIRES

ENTR'AUTRES CHEZ PALUD, RUE MERCIÈRE ; MÉRA ; POURNY ; THIBAUDIER ;
JOSSERAND ; BERJON ; CALAMAND ; HACHETTE ; LECOFFRE, ETC.

PARIS
MARESCQ, RUE SOUFFLOT.

VERSAILLES
BERNARD, RUE DE SATORY, 9.

AVRIL 1871

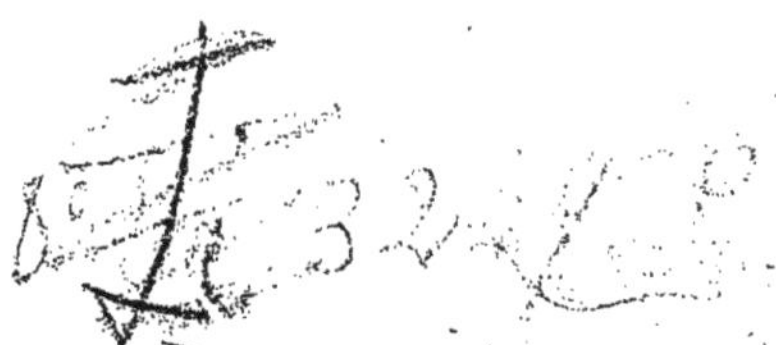

RÉFORME

DE LA

MAGISTRATURE

ET DE LA

PROCÉDURE

PAR

L.-A. EYSSAUTIER

Docteur en droit, Juge d'instruction

RÉDACTEUR DE PLUSIEURS RECUEILS DE JURISPRUDENCE

Deuxième Édition.

LYON

IMPRIMERIE J. ROSSIER, RUE MERCIÈRE, 47

AVRIL 1871

LYON. — IMPRIMERIE J. ROSSIER, RUE MERCIÈRE, 47.

PRÉFACE

*Inamovibilité, décret du 20-28 janvier et du 3 février, éligibilité
des magistrats, séparation de la magistrature inamovible
et du parquet, concours, juges de paix, réduction du
nombre des cours et des tribunaux, avoués.*

Au début de cette deuxième édition, mon devoir est de
remercier le public de l'accueil fait à la première, et de témoigner
toute ma reconnaissance à ceux qui ont appuyé mes idées de
l'autorité de leur plume, à ceux aussi qui, répondant à l'appel
que j'avais adressé à la critique indépendante, ont fait connaître
leurs objections aux réformes proposées.

1. — Le système qui régit actuellement la magistrature a
subi une double épreuve, celle de la dictature impériale, celle de
la dictature de la Délégation. Ceux qui, sincèrement, demandaient
des réformes sous l'empire, ont été nécessairement confirmés dans
leurs idées ; et les plus rebelles à la réforme, à cette même époque,
ont dû être convertis par la contre-épreuve ; les yeux des plus
aveugles ont dû se dessiller... (1)

Nous avons voulu combattre deux ennemis opposés des
institutions libérales, sur lesquelles doit reposer l'organisation judiciaire ; les uns voulant, avant tout, détruire, et réclamant à grands
cris l'abolition de l'inamovibilité de la magistrature ; — les autres,
par des motifs bien divers, prêts à laisser perpétuer un régime qui
mine souterrainement la magistrature, et prépare l'œuvre dernière
des démolisseurs.

(1) S'il est encore des aveugles, qu'ils lisent *l'Œuvre judiciaire
de Mᵉ Crémieux*, par M. Desplagnes, que nous recevons au moment où
nous corrigeons nos épreuves.

Le péril qui menaçait l'inamovibilité était si réel qu'à peine notre brochure était-elle imprimée, un décret, suivi d'un second quelques jours après, frappait des magistrats inamovibles, et nous devions suspendre la publication pour protester à la seule place encore libre, sur la couverture.

Voici cette protestation :

« Cette brochure, imprimée avant le 20 janvier, paraît après.

« Taire mon opinion sur ce décret serait une lâcheté. J'ai dit à tous la vérité, si dure qu'elle fût, je la dois au Gouvernement, sans me préoccuper si je puis ou non en souffrir.

« Indigné du coup d'Etat, j'ai voté contre lui, et les principes que je professe dans ma brochure condamnent les Magistrats qui, infidèles à leurs fonctions, prêtent main-forte à toute dictature usurpée.

« Mais ces principes protestent non moins contre toute atteinte à l'inamovibilité de la Magistrature, l'un des palladiums de nos Libertés, ce seul bien qui nous reste !...

« Oh ! défendons-les énergiquement contre tous !

« Des Magistrats inamovibles ont été révoqués, ils ont été frappés sans être jugés !

« Le Gouvernement qui avait eu la haute inspiration de s'appeler Gouvernement de la Défense nationale pour se consacrer uniquement et tout entier à cette œuvre, déjà immense, de défendre le sol sacré de la patrie, rapportera, j'en suis sûr, ce décret de sa Délégation.

« De ce décret je tire un enseignement à l'appui de mes idées.

« Quels sont les Magistrats qui ont fait partie des commissions mixtes ?

« Des Magistrats du Parquet.

« Si, comme je le réclame, les membres du ministère public n'avaient pu recevoir leur avancement dans la Magistrature *assise*, rien de ce qui s'est passé n'aurait pu se produire.

« Donc, séparons le Parquet de la vraie Magistrature, de celle qui juge ! »

Nous ne nous étions pas trompé ; après l'armistice le gouvernement de Paris a blâmé les décrets, et bientôt un projet de loi pour leur annulation a été présenté à l'assemblée nationale par le ministère Thiers. Le gouvernement, la commission, l'assemblée, ont été unanimes à blâmer sévèrement les magistrats qui avaient fait partie des commissions mixtes, mais les décrets ont été annulés, comme contraires au principe de l'inamovibilité et de la séparation des pouvoirs. M. de Ventavon, dans son rapport et dans son discours, a très-nettement posé les principes que nous avions invoqués avec toute la presse et prouvé que le pouvoir exécutif avait usurpé le pouvoir judiciaire.

L'inamovibilité a reçu ainsi une nouvelle consécration, malgré la réserve faite pour le jour où la constitution sera discutée.

M. Crémieux lui-même, en défendant ses décrets, a rendu hommage au principe de l'inamovibilité, il a voulu justifier le caractère dictatorial de cette mesure plus qu'impolitique, à l'heure suprême où se trouve la France, par le caractère dictatorial des commissions auxquels les magistrats frappés avaient pris part *avant d'être inamovibles*, comme si jamais la dictature justifiait la dictature ! Ne serait-ce pas nous condamner à la dictature perpétuelle des représailles ?...

1 (*bis*). L'Assemblée nationale vient de décider, d'une part, que les juges de paix, dans leur canton, et les membres amovibles des tribunaux, dans l'arrondissement, ne pourront être élus membres du Conseil général, ou du Conseil municipal ; d'autre part, que les membres inamovibles des tribunaux ne pourront être élus au Conseil général dans leur arrondissement, mais qu'ils pourront faire partie d'un Conseil municipal.

Une satisfaction partielle a été donnée à nos idées. Si l'on se place au point de vue de l'intérêt des Communes, il est bon que les Magistrats soient élus conseillers municipaux ; M. de Ventavon l'a admirablement démontré. Mais si l'on considère l'intérêt élevé de la Magistrature, la solution contraire soutenue par la parole convaincue de M. Henri Vinay devrait prévaloir.

L'Assemblée a adopté une transaction.

Pour nous que préoccupent surtout la dignité de la Magistrature et la nécessité, dans nos temps troublés, de la rendre invulnérable, qui avons appris de l'expérience combien sont vives souvent les élections municipales, combien, même sans juste motif, le nom d'un magistrat dans lequel une liste se personnifie, peut être compromis dans la lutte, nous persistons à désirer que, *dans l'étendue de leur juridiction*, les Magistrats ne se jettent pas dans l'arène électorale, n'y exposent pas leur considération personnelle et celle du corps auquel ils appartiennent, surtout en ce jour où les questions communales sont devenues le prétexte de la plus absurde, de la plus honteuse, de la plus criminelle des insurrections. D'ailleurs, en fait, l'élection municipale est presque partout le premier acte de la lutte politique, et devient un combat corps à corps malgré le scrutin de liste.

Nous serions encore plus absolu, s'il n'était certain aujourd'hui que le régime de la Magistrature sera réformé.

2. — Nous avons défendu l'inamovibilité, et combattu l'élection des magistrats par le suffrage populaire ; mais dans l'intérêt d'une politique, amie de la liberté par l'ordre, et de l'ordre par la liberté, nous avons demandé des réformes pour assurer la capacité des magistrats, pour fortifier leur indépendance.

La première de ces réformes, personne ne s'y est trompé, est la séparation complète de la magistrature *qui juge* et de la magistrature *qui poursuit.*

L'idée est neuve, elle a séduit vivement les uns, elle a surpris les autres. Neuve ! et cependant, dans le *Journal de Rennes*, M. Léon Philouze a dit qu'au congrès de Lyon, en 1869, quand la réforme de l'organisation judiciaire fut discutée, le principe de la séparation du parquet et de la magistrature était déja à ses yeux une des conditions essentielles de la réforme de nos institutions judiciaires. M. Poitou, conseiller à Angers, qui avait, sous l'empire, demandé la réforme avec une indépendance si énergique, nous a fait l'honneur inestimable d'approuver nos idées.

Mais un jurisconsulte, auquel nous rattachent des liens d'amitié, de collaboration, de profonde estime pour son caractère et son talent, le rédacteur du *Journal du ministère public*, M. Dutruc, s'est ému, dans l'intérêt du ministère public, de l'idée de notre réforme, et fidèle à des principes que nous partageons (il le sait bien !), il nous a donné la meilleure preuve de son amitié en exprimant son opinion avec indépendance. Il a dit dans le *Salut public* :

« L'espèce de réprobation dont on couvrirait le ministère public, pour rehausser l'autorité de la magistrature assise, serait-elle un bien véritable pour la justice ? Serait-il bon de faire à ce dernier ordre de magistrature une réputation d'incorruptibilité, qui impliquerait pour l'autre une réputation contraire ? Y aurait-il un avantage sérieux à décréter que l'indépendance est l'apanage exclusif des magistrats ayant mission de juger et que les officiers du parquet sont les serviteurs prédestinés du pouvoir ? »

Nous avons répondu dans le même journal :

« Dieu me garde d'avoir voulu rehausser la magistrature assise en livrant le ministère public à la réprobation ! Mon plan de réforme a un double but : rehausser l'une et l'autre magistrature en les séparant ; écarter de l'une et de l'autre toute suspicion en rompant une solidarité funeste.

« Voilà mon but, voici mes moyens :

« Je veux le magistrat *inamovible*, et le jour où une atteinte a été portée à l'inamovibilité, pour protester, j'ai suspendu la publication de ma brochure prête à paraître. Mais le magistrat inamovible incapable est un fléau, et le passé prouve que le magistrat, *quoique* inamovible, n'est pas toujours assez indépendant. Partisans non aveugles de l'inamovibilité, nous devons voir le mal qui la compromet et y porter remède.

« Le remède est fort simple, c'est de n'ouvrir les portes de la magistrature inamovible qu'au concours ; un concours sérieux, pratique et théorique, deviendrait la source unique de la magistrature, et, seul, obvierait aux deux maux qui la menacent. Il assurerait la capacité des magistrats, qui serait conservée et accrue par le travail et par la récompense attribuée au vrai mérite. Par le concours aussi, le magistrat obtiendrait ce supplément d'indépendance que l'inamovibilité isolée ne suffisait pas à lui donner.

« Ah ! sans doute, les membres du barreau et ceux du parquet ne pourraient entrer de prime-saut dans la magistrature inamovible par la porte politique ; ils devront subir la loi commune du concours, ils n'auront aucun privilége ! et quel mal ? Les souvenirs de l'Empire sont encore là, et ceux aussi de la Délégation ! Le flot ressemble au flot..., l'homme à l'homme...

« Regardons autour de nous : ces avocats, hier sans causes, ces membres du parquet de fraîche date, etc., ils sont aujourd'hui présidents ou conseillers dans les plus hautes cours ; en un jour ils ont obtenu le prix d'une vie de travail ! Et, jusque sous le feu de l'ennemi, quand le salut de la patrie devait être l'unique pensée, nous avons vu cette course aux places, cette curée !

« Le concours mettra fin à ces scandales ; c'est lui qui, seul, régénérera notre armée, nos administrations, *notre France !* C'est lui qui remettra le travail en honneur, et qui, par le travail honoré, nous rendra la vertu !

« Le ministère public serait voué à la réprobation parce que nous le soumettrions à cette loi du concours !

« Qu'est-il ! Que serait-il ?

« Ce qu'il est ! Les accents de Berryer, de Jules Favre, des orateurs libéraux, ne retentissent-ils plus ?

« Il était suspect, souvent à tort, mais déjà la suspicion est un mal. On disait : les moins zélés sont révoqués ; les zélés deviennent ardents, ils se lancent dans le courant politique, au risque de tout perdre, hélas ! pour être emportés plus rapidement vers le port d'une haute fonction inamovible, à l'abri des orages si fréquents dans l'océan politique.

« Suspicion et réprobation contre eux ! Suspicion et réprobation contre la magistrature inamovible, qu'ils viennent peupler, et qui, pour repousser l'invasion, lutte à l'envi de zèle et d'ardeur !

« C'est là un fait.

« Pour sauver l'indépendance de la magistrature *qui juge*, bien plus importante que celle de la magistrature *qui poursuit*, fallût-il sacrifier le ministère public, ce sacrifice devrait être fait. Mais un tel sacrifice n'est nullement nécessaire.

« En ne donnant pas aux membres du parquet le privilége d'arriver sans concours aux fonctions inamovibles, loin de vouer le ministère public à la réprobation, nous grandissons son rôle, nous élevons sa dignité, nous faisons cesser toute suspicion.

« En effet, il sera révocable, il ne peut être inamovible, mais il sera *perpétuellement* révocable. Or, il connaît les retours de la fortune, ses flots changeants: le port de l'inamovibilité ne pouvant pas s'ouvrir, il restera dans une mer plus calme, plus sereine, celle de la justice ; les orages ne l'y atteindront pas, et si un coup de vent survient, il résistera ou sera aussitôt relevé. Au contraire, si, cédant à une profonde conviction, il soutient le pouvoir avec énergie, aucun soupçon de servilisme ne l'atteindra, car il s'exposera tout entier au péril, comme le gouvernement lui-même, et tombera avec lui, pour reprendre au barreau une place digne et respectée, au lieu de se réfugier dans la retraite inaccessible de l'inamovibilité.

« Ce rôle est-il moins beau que celui qui lui est aujourd'hui dévolu ?

« M. Dutruc parle de l'avancement! Moindre question, mais nous avons répondu à l'objection. Dans un tribunal d'une chambre, il y a un substitut et un procureur de la République, et il y a 2, 3 ou 4 juges pour un président. Le premier degré de l'avancement sera donc plus rapidement franchi par le substitut que par le juge. Ensuite, les procureurs sont de plusieurs classes, 3,600, 4,500, 6,000, 7,500, etc. On peut multiplier ces classes, même donner de l'avancement sur place. Nous disons mieux : donnez au ministère public des avantages pécuniaires bien supérieurs à ceux de la magistrature qui juge, si, à ce prix, vous devez consacrer à jamais l'indépendance de celle-ci, qui produira en même temps celle du ministère public, dans les limites où elle est possible.

« Enfin, pour conserver intacte l'indépendance de la plume et de la parole du ministère public, réclamée solennellement par M. Bérenger devant la cour de Lyon, nous avons demandé que la responsabilité de la poursuite remontât à celui qui en avait eu l'initiative, afin que plus librement, le membre qui porterait la parole pût conclure contre la poursuite, suivant sa conviction. Le principe existe aujourd'hui, c'est pour venir en aide à son application que nous avons indiqué une amélioration dans la pratique. Nous voulons que l'indépendance de la parole ne soit pas un mot, qu'elle soit une réalité. »

Confirmé dans nos idées par beaucoup de nos lecteurs, nous avons la conviction que la réforme la plus réalisable, celle qui produira les résultats les plus considérables, c'est la séparation de la Magistrature *qui juge* et du Ministère public, accomplie par l'obligation du concours imposée à tous les candidats à la Magistrature inamovible.

Si la séparation avait existé en 1852, ni les décrets de la Délégation, ni les blâmes de l'assemblée, ni les paroles sévères de M. Dufaure, n'auraient été nécessaires.

L'inamovibilité du Ministère public proposée par M. Pontois, asservirait le pouvoir. L'indépendance de la Magistrature ne doit pas être l'annihilation du pouvoir.

Un professeur distingué de la Faculté de droit de Grenoble, M. Caillemer, a, dans l'*Impartial Dauphinois*, émis l'idée que le concours fût exigé à tous les degrés. Dans notre brochure nous avions eu le soin de dire que nous ne repoussions pas absolument cette idée ; mais elle nous a paru moins réalisable en pratique que celle que nous lui avons préférée, et qui existe pour le professorat.

A un certain âge peut-on facilement être soumis à un concours ! Comment comparer les services rendus dans l'exercice des fonctions, et les travaux purement théoriques d'autres candidats ? — Sans doute la Magistrature serait privée de quelques illustrations formées dans le professorat ; mais, au point de vue de l'intérêt général, croit-on que la science ait perdu à ce que M. Demolombe, par amour pour son œuvre, ait refusé de siéger à la Cour de Cassation. Est-ce un mal réel que les magistrats restent magistrats jusqu'au bout de leur carrière ; les professeurs, professeurs ; les avocats, avocats ; que les membres du parquet restent attachés à leurs fonctions ? Non. Partout se formeront des spécialistes remarquables, des esprits profonds, au lieu de ces trop nombreux esprits superficiels, courant d'idées en idées, de carrière en carrière, d'ambition en ambition, soi-disant bons à tout, en réalité bons à peu, médiocres en tout, parfaits en rien. Quant à ceux qui se sont illustrés dans une carrière, il arrive qu'ils sont inférieurs dans une autre. Ainsi, dans l'intérêt de la société et du bien public, il n'est pas à souhaiter qu'on favorise trop les mutations de fonctions.

D'ailleurs, nous répétons que nous ne répudions pas complétement l'idée du concours à trois degrés, pour les juges, les conseillers de Cour d'appel, les conseillers de la Cour de Cassation, en imposant des conditions d'admissibilité exceptionnelles pour ceux qui, n'appartenant pas à la magistrature inamovible, n'auraient pas subi un premier concours, ce qui serait de la plus stricte équité.

La voie ouverte vers le progrès, on peut la rectifier, l'aplanir, suivant les nécessités du temps, l'opportunité des circonstances; mais ouvrons d'abord la voie, traçons le premier sillon.

3. Partisan de l'inamovibilité, nous la refusons au juge de paix, parce qu'il juge seul, et nous la voulons pour le juge d'instruction. Contradiction! Nullement.

Le juge de paix juge seul, définitivement et souvent en dernier ressort. Le juge d'instruction, généralement plus capable, ne juge jamais en dernier ressort, et ne prononce que des non-lieu, ou des renvois à une juridiction qui juge définitivement. D'ailleurs nous voulons qu'il n'y ait plus de juge d'instruction invariablement désigné, et que l'instruction soit faite, tantôt par un juge, tantôt par un autre commis par le tribunal.

Au lieu de l'inamovibilité, trop dangereuse pour le juge de paix, quoique nommé au concours, comme nous le demandons, parce que, malgré le concours, il pourra n'être pas assez capable, ou perdre sa capacité, ou devenir vicieux, ou se rendre impossible dans son canton, chose fort grave, puisqu'il est seul, il serait facile d'établir certaines garanties pour qu'il ne fût pas révoqué ou changé sans justes motifs, en exigeant l'avis de la Cour ou du tribunal. Si l'inamovibilité était conférée au juge de paix, nous voudrions qu'elle fût attachée au titre et non au siége, afin que le juge pût être déplacé sans son consentement; que, dans certains cas déterminés, dont la Cour ou le tribunal serait juge, l'inamovibilité pût lui être retirée; enfin qu'il ne jugeât jamais en dernier ressort.

« Une transaction serait donc possible, pour assurer l'indépendance du juge de paix, sans lui conférer l'inamovibilité, ou en la lui conférant avec des restrictions.

4. En nous rangeant à l'opinion de la Constituante de 1848 pour l'amovibilité des juges de paix, nous n'avons pas été plus contraire au principe de l'inamovibilité, qu'en demandant le maintien de la limite d'âge. Dès le moment où, sans exception, tous les Magistrats sont mis à la retraite à un âge déterminé, leur indépendance ne reçoit aucune atteinte, si la nomination de leurs successeurs n'est pas abandonnée à la discrétion du pouvoir. Nous

sommes allé plus loin, nous croyons avoir prouvé que la limite d'âge protége le principe de l'inamovibilité, qui, poussé à l'extrême, comme toute force, se briserait. Aussi M. Poitou, qui demandait l'abrogation de la loi sur la retraite, a-t-il pu nous écrire : « Même sur le décret du 1er mars 1852, notre dissentiment n'est pas profond, à une condition, c'est que le recrutement de la Magistrature soit soumis à d'autres règles, comme vous le proposez. »

A cette occasion, faisons remarquer que nous avons posé des principes généraux, réservant les détails, sur lesquels d'heureuses transactions peuvent intervenir.

5. Dans un excellent travail, intitulé : *Notes et tableaux statistiques pour servir à une nouvelle organisation judiciaire*, imprimé en janvier 1871, un auteur anonyme propose la réduction du nombre des Cours à quinze et celui des tribunaux à un par département ; il demande comme nous, qu'au moins transitoirement, un juge d'instruction et un substitut soient délégués au chef-lieu d'arrondissement. Les Cours d'assises n'existeraient qu'au siége des Cours. Les présidents des chambres d'accusation seraient supprimés. La limite d'âge serait abaissée à soixante-dix ans pour la Cour de Cassation. Les magistrats, dont les siéges seraient supprimés, trouveraient dans les tribunaux des places aussi rétribuées ; les juges en trouveraient dans les justices de paix.

Les Cours comprendraient trois classes : 1re, Paris ; — 2e, Bordeaux, Lyon, Rouen, Toulouse ; — 3e, Aix, Bastia, Dijon, Douai, Grenoble, Nancy, Nîmes, Poitiers, Rennes, Riom. Une carte délimite les ressorts :

Les 1ers présidents auraient 30,000, 25,000, 20,000 fr.
Les présidents　　　　　　　18,000, 15,000, 10,000
Les conseillers　　　　　　　12,000, 10,000, 6,000
Les tribunaux formeraient quatre classes :
Les présidents auraient 25,000, 15,000, 10,000, 8,000 fr.
Les vice-présidents　　　12,000, 10,000, 7,500, 6,000
Les juges　　　　　　　　9,000, 6,000, 5,000, 4,000

De sérieuses économies seraient réalisées malgré cette augmentation de traitements.

Ce travail applique la plupart de nos idées. Pourtant nous préférerions maintenir les Cours d'assises au chef-lieu du département, en confiant la présidence au président du tribunal. Nous avions négligé à dessein la question des traitements au milieu des désastres qui affligent la patrie. La gradation est ménagée par l'auteur pour favoriser un avancement modéré ; nous simplifierions encore, nous voudrions moins de classes dans les Cours et tribunaux, sauf à accorder une simple indemnité pour Paris, et peut-être quelques autres villes ; l'avancement devrait pouvoir être attaché à la personne. La différence des traitements pourrait être moins grande entre les présidents et les juges, entre les présidents des Cours et les conseillers ; ceux des conseillers devraient être plus élevés que ceux des présidents de tribunaux. Le *maximum* des traitements est aussi trop élevé.

On a proposé de supprimer les présidents des tribunaux ; la présidence serait confiée au doyen, ou au juge choisi par ses collègues. Le doyen pourrait n'être pas capable de présider ; le choix laissé aux juges serait un élément de discorde dans les compagnies ; nous ne partageons pas les idées de M. Rousset et de M. Pontois à cet égard.

Quant à la détermination du nombre et du ressort des Cours, il convient d'attendre la nouvelle organisation administrative.

L'auteur anonyme du travail dont nous nous occupons veut que l'indemnité pour les offices supprimés soit égale au prix d'achat augmenté de la plus value. L'Etat ferait l'avance de cette indemnité, mais les titulaires conservés verseraient une somme qui, capitalisée pendant 30 ans, représenterait celle déboursée ; et, en outre, ils paieraient sur chaque affaire des droits dont le total égalerait à peu près l'intérêt de la somme avancée par l'Etat.

Nous adopterions volontiers pour base de l'indemnité, en cas de suppression des offices, le remboursement du prix d'achat augmenté de la plus-value. Nous sommes ainsi conduit à parler de notre réforme sur la procédure.

6. M. Poitou, l'éminent auteur de la *Liberté civile*, a bien voulu, entre toutes nos réformes, remarquer celle-là, mais il craint que, dans notre pays de routine, elle fasse *cabrer les gens*.

Nous le savions, et par expérience, avant d'avoir écrit. Mais, un jour, ceux qui portent intérêt aux avoués comprendront, comme le comprennent déjà beaucoup d'avoués, que leur salut est dans cette réforme, proposée par nous à une époque où elle était au premier plan, qu'elle a cédé à de plus majeures.

On dit : le juge remplacerait l'avoué !

Non ; c'est l'avocat qui remplacerait l'avoué comme conseil des parties ; le juge rapporteur ne remplacerait pas plus l'avoué qu'il ne le remplace dans les ordres, dans les faillites, à la Cour de Cassation. Son rôle dans toutes les instances serait une création nouvelle. Les avocats défendraient les parties, instruiraient la cause dans leur intérêt ; le juge suivrait la cause comme conciliateur permanent, l'instruirait au point de vue de la vérité, élaguerait de l'audience les incidents inutiles, ferait un rapport impartial.

On ajoute que les autres magistrats s'inclineraient toujours devant son opinion. Cela pourrait être s'il n'y avait pas de plaidoiries. Mais, avec les plaidoiries, il en est autrement, l'expérience le prouve. N'y a-t-il pas des rapporteurs dans la plupart des juridictions, devant la Cour de Cassation, les Chambres correctionnelles, les Conseils de préfecture, les Conseils de guerre, dans les ordres, dans les faillites, etc., etc. ? Notre réforme serait l'application nouvelle d'un système généralement adopté.

Les magistrats seraient surchargés !

N'ayez aucune crainte ; ils ont du temps de reste, croyez en mon expérience ; que de détails convaincants je pourrais donner, s'ils n'étaient trop personnels !

Si les magistrats étaient surchargés, on augmenterait leur nombre, et si les chambres se composaient de cinq juges, l'autorité des tribunaux ne serait que plus grande, leur impartialité mieux garantie.

Je m'arrête. La réforme de la procédure ne sera pas celle que l'Assemblée nationale abordera la première ; en plaçant leur date en tête de mes travaux, en indiquant leur filiation, les liens qui, dans mon plan général, les unissent, j'ai expliqué pourquoi je les ai rapprochés l'un de l'autre dans une même publication.

Puissé-je, sur quelque point, aider le Législateur à découvrir la vérité.

L.-A. EYSSAUTIER.

Avril 1871.

P.-S. — Dans la brochure que nous avons citée en note, M. Desplagnes demande l'annulation de tous les décrets du Gouvernement du 4 septembre, révoquant des magistrats, comme n'étant pas relatifs à la défense nationale. M. Garbouleau, dans le *Messager du Midi*, a soutenu que si M. Crémieux avait reçu le droit de nommer et révoquer les magistrats amovibles, il n'avait pas reçu le droit de nommer et révoquer les magistrats inamovibles, que, dès lors, depuis qu'il ne formait plus seul la Délégation, ces décrets auraient dû être signés des autres membres de la Délégation, et qu'ils sont nuls, puisqu'ils n'ont été signés que de lui, comme ils seraient nuls si aujourd'hui de tels décrets étaient signés du Ministre de la justice seul. Il nous parait impossible de répondre à ce moyen de droit, qui permettrait d'opérer une utile révision de ces décrets.

PRÉFACE DE LA PREMIÈRE ÉDITION

A la fin de juillet dernier, j'avais adressé à la *Revue pratique* une critique du projet de réforme de la procédure élaboré au conseil d'Etat, où j'exposais mes vues personnelles sur cette réforme; je terminais par quelques mots sur la réforme de la magistrature, que j'avais l'intention de développer plus tard.

J'ai repris la plume quand une commission sur l'organisation judiciaire a été nommée; j'ai écrit au bruit des armes, ne pouvant, hélas ! voler moi-même à la défense de la patrie et voulant au moins la servir dans la modeste mesure de mes forces.

La France ne peut périr ; elle se relèvera si elle sait profiter de la rude épreuve que la Providence lui inflige ; si, au jour de la délivrance, elle sait épurer ses institutions ; si, marchant vers le progrès d'un pas ferme et constant, au lieu de tout renverser et détruire, elle sait ajouter aux conquêtes du passé de nouvelles et durables conquêtes, d'autant plus durables qu'elles auront été plus pacifiques.

Je publie d'abord mes idées générales sur la réforme de la magistrature, et comme cette réforme se lie intimement à celle de la procédure, je publie, à la suite, l'article que j'avais envoyé à la *Revue pratique*. Le blocus de Paris ne m'a pas permis de savoir s'il avait été publié.

Décembre 1870.

A M. VALETTE,

Professeur à la Faculté de droit de Paris, membre de la Commission chargée d'étudier

la réforme de l'organisation judiciaire.

C'est à vous, Monsieur, que j'adresse ces lignes, écrites dans le moment le plus solennel de notre histoire, parce que vous êtes membre de la commission qui doit étudier les buses de la réforme de notre organisation judiciaire, et parce que je me souviens, avec la plus grande reconnaissance, de la bonté que vous avez eue, de remarquer l'un de mes premiers travaux, d'en faire l'éloge sans me connaitre, de m'appeler auprès de vous pour m'encourager, comme l'avait fait M. Laferrière pour une autre publication.

Des nécesités de famille et de santé m'ont détourné de ma première voie ; mais, dans la petite sphère de mon action, je serais heureux de pouvoir venir en aide à l'une des réformes où le nouveau gouvernement de la France peut faire le plus de bien, et où il serait exposé à faire le plus de mal s'il n'avait pas pour l'éclairer des guides tels que vous.

Votre très-respectueux serviteur,

L.-A. Eyssautier.

Décembre 1870.

PREMIÈRE PARTIE.

RÉFORME

DE LA

MAGISTRATURE

(ÉCRIT EN NOVEMBRE 1870).

SOMMAIRE.

1. La réforme de l'organisation judiciaire était vivement demandée, et, à peine l'empire s'était-il écroulé dans

2

un désastre sans nom, qu'elle a été mise à l étude, et partout elle a été agitée dans les réunions électorales.

Cette question est donc urgente ; abordons-la résolument, avec la plus entière indépendance, n'écoutant que la voix de la raison éclairée par l'expérience, sans le parti trop souvent pris de tout admirer ou de tout dénigrer.

Depuis l'ancien régime, de grandes conquêtes ont été faites ; consolidons-les, ne marchons pas en arrière !

Mais, à côté de ces conquêtes, des progrès restent à réaliser, des plaies se sont révélées, hâtons-nous, l'heure est favorable, accomplissons ces progrès, arrêtons le mal, faisons un pas de plus vers cette perfection à laquelle toute institution doit aspirer, et, dans notre marche en avant, gardons-nous de tomber dans les abîmes de l'utopie.

Le magistrat doit être *indépendant*, il doit être *capable*. La réforme doit tendre à accroître l'indépendance de la magistrature, à prescrire des mesures pour que la capacité des magistrats soit éprouvée avant leur nomination, pour qu'elle soit conservée, entretenue après leur nomination.

Toutes les réformes qui convergeront à ce double but devront être acceptées ; toutes celles qui entraveraient sa réalisation devront être rejetées.

En suivant fidèlement cette boussole, nous ne pourrons nous égarer.

2. La magistrature est la gardienne de la liberté civile ; tant qu'elle s'est tenue dans ce grand rôle, elle n'a jamais été suspectée ; quand la politique a fait invasion au sein des prétoires, la magistrature a été déconsidérée et les fautes des uns ont rejailli sur tous.

Sous l'ancienne monarchie, les parlements ont, en usurpant le domaine de la politique, rendu d'éminents services à la cause de la liberté, après avoir contribué, dans une première phase, à fonder l'autorité royale. Mais qu'arriva-t-il ? Mêlés aux querelles des partis, ils devinrent l'instrument ou le jeu des factions, et ils durent être brisés par la

Révolution, après l'avoir tour à tour aidée et combattue. La nécessité de la séparation des pouvoirs apparut à tous.

Faisons de ce principe une large application. Donnons à la magistrature la mission de protéger la liberté civile, confions à d'autres celle de protéger la liberté politique. Remises aux mêmes mains, l'une nuirait à l'autre.

Nous venons d'en faire une triste expérience. Les délits politiques et les délits de presse ont été déférés à la juridiction correctionnelle, et bientôt, d'une part, la magistrature a été accusée de servilisme, d'une plus grande infamie encore, pendant que, d'un autre côté, on ne rougissait pas d'attaquer des magistrats indépendants qui n'avaient pas voulu trahir leur conscience. Ces accusations ne seraient-elles pas fondées, que déjà ce serait un grand mal ; et que dire, si quelques-unes d'entre elles étaient vraies ?...

Oh ! bannissons la politique du sanctuaire de la justice... Elle le souille !

Bannissons-la sous toutes les formes, et en excluant de la juridiction ordinaire les affaires politiques, et en ne permettant pas aux hommes politiques de s'immiscer dans les affaires judiciaires, et aussi en forçant les magistrats à ne s'occuper que de leurs fonctions, au lieu de se mêler de politique ; à ce dernier titre, nous désirerions qu'il y eût incompatibilité entre les fonctions de magistrat et celles de député ; de membre d'un conseil général et d'un conseil municipal dans l'étendue de leur juridiction.

Ce serait un sûr moyen de placer l'impartialité des magistrats au-dessus de tout soupçon. On ne dirait plus d'eux, ce qui est vrai trop souvent, qu'ils ont recherché ces fonctions pour servir le pouvoir et en obtenir des faveurs. Ils ne seraient plus compromis dans les divisions politiques ou locales ; ils n'auraient jamais à voir un adversaire dans un plaideur, à transiger avec le droit ou contre lui ou en sa faveur : l'intérêt de la vérité, dégagé de tous autres, serait mieux servi.

Le magistrat doit être *serviteur* de la vérité et de la justice, il ne doit servir qu'elles. La magistrature est un sacerdoce qui demande à être exercé seul.

C'est pour ce motif aussi que nous n'aimerions pas

que les magistrats exerçassent leurs fonctions dans leur propre pays.

La seule réflexion ne démontre-t-elle pas, — ce que l'expérience rend palpable, — que dans son pays il est impossible de se rendre indépendant des partis, de ne pas céder à des sentiments dictés par les relations, la parenté, les souvenirs ? N'est-il pas vrai, en outre, que les magistrats du pays font autant que possible de leurs fonctions une sinécure, et s'occupent plus de leurs affaires personnelles que de celles du tribunal ?

On parle souvent des anciens magistrats, commençant et finissant leur carrière dans leur pays. Oui, il y a d'anciens magistrats qui ont légué de beaux modèles, mais ceux-là appartenaient presque tous aux parlements et aux cours d'appel; et quelle contre-partie dans les tribunaux ! Aimons et vénérons le passé dans le bien qu'il a fait et qu'il nous a transmis ; mais pas de fétichisme, ne rétrogradons pas inutilement, ne faisons pas tomber le magistrat d'une dépendance sous une autre plus dangereuse, parce qu'elle est plus rapprochée, plus occulte; parce qu'elle l'enveloppe de liens plus étroits et plus nombreux.

Je crains pour l'indépendance du magistrat, dans son pays, et je lui préfère un magistrat étranger exclusivement préoccupé de l'accomplissement de son devoir.

3. Le plus solide rempart de l'indépendance de la magistrature, c'est l'inamovibilité, *cette pierre angulaire d'une bonne organisation judiciaire*, a dit M. l'avocat général Bérenger dans son discours de rentrée devant la cour de Lyon en 1869, discours qui a fait sensation à Lyon et dans toute la France, et qui est devenu le point de départ de la proposition de MM. Martel, Keller et de leurs collègues au Corps législatif.

L'inamovibilité, que tous voulaient fortifier contre les atteintes du pouvoir, dispensateur trop souverain de l'avancement, l'inamovibilité est attaquée par des *libéraux*, par des *républicains!*... par ceux qui devraient la défendre.

Sous la République, la magistrature doit-elle être moins indépendante que sous l'Empire ?

Quel que soit le gouvernement, ne faut-il pas la protéger contre tout despotisme ?

Que seraient des jugements rendus sous la pression de la crainte d'une révocation possible ? Que de capitulations de conscience ! Quelle suspicion générale et quelles dégradantes condescendances !

C'est au nom de la liberté qu'on oserait demander l'amovibilité du magistrat, qui serait l'esclavage de la justice, par suite, l'oppression de tous, la négation et le revers de la liberté !

Quel que soit le pouvoir chargé de l'élire, chef de l'Etat, ministre, peuple, électeurs choisis, le magistrat doit en être indépendant et se trouver au-dessus de ses atteintes.

Dès 1850, nous disions : L'inamovibilité, reconnue en France depuis des siècles, a toujours été réclamée comme la garantie de la protection du juge en faveur des faibles contre les forts, des petits contre les grands,... elle serait incompatible avec un gouvernement républicain ! Et pourquoi ? Quelle antinomie entre la République et la stabilité du pouvoir judiciaire ? Dans une époque où les changements se succèdent avec tant de rapidité, est-il bien à redouter que la justice conserve cette inviolabilité, cette immutabilité qui font sa grandeur ? La République doit-elle être un état permanent de révolution, comme le voudraient quelques incapacités ambitieuses ? Si les juges étaient amovibles, à tous les changements si fréquents de ministère, à chaque élection du président de la République, nous aurions le spectacle déplorable du renouvellement du personnel de la magistrature. « En dernière analyse, a dit M. Hello, déclarer les juges amovibles, c'est organiser le despotisme en pleine République. »

Il suffit d'ouvrir le *Moniteur*, on y lira les preuves invincibles qui ont entraîné l'Assemblée constituante à conserver l'inamovibilité de la magistrature. Jamais en France, sous un gouvernement libre, un principe contraire ne triomphera, et si, par un égarement funeste, un moment il était admis, une expérience de quelques mois suffirait pour l'anéantir et relever celui de l'inamovibilité, que nous regardons comme une sorte de dogme de politique libérale (1).

4. L'inamovibilité, comme toutes les institutions humaines, a ses dangers ; la sagesse consiste à les prévenir, à les combattre par des institutions auxiliaires.

Le plus grave est de rendre irrémédiable le choix d'un juge incapable.

Le premier moyen pour atténuer le mal, c'est de ne pas conférer l'inamovibilité à un magistrat jugeant seul, définitivement et en dernier ressort. Dans un tribunal composé de plusieurs membres, les magistrats capables dirigeront toujours les autres, et plus nombreux en seront les membres, moins le mal que nous signalons, s'il se réalise, sera sensible. C'est pour cela que les Cours d'appel , ayant à juger souverainement, sont composées d'un plus grand nombre de membres que les tribunaux ; c'est pour cela que des tribunaux de cinq juges vaudraient mieux que des tribunaux de trois juges ; enfin, c'est pour ce motif que nous refuserions l'inamovibilité au juge de paix, et même que nous verrions avec douleur augmenter la compétence des juges de paix et que nous voudrions qu'elle fût, au contraire, réduite en dernier ressort. C'est l'un des motifs, ce n'est pas le

(1) C'est l'opinion de M. le conseiller Poitou, dans son excellent ouvrage sur la *Liberté civile* (Charpentier 1869.) Grâce au blocus de Paris, nous n'avons pu lire cet ouvrage qu'au moment de corriger nos épreuves, et encore, parce que l'auteur a eu la bonté de nous le faire adresser ; aussi nous ne pouvons le citer qu'en note ; il faut le lire tout entier : « Il n'y a pas qu'un seul principe dans l'ordre social. En face de la souveraineté du peuple il y a la liberté individuelle, le droit du citoyen.... Si le droit individuel n'est pas respecté, la souveraineté populaire ne sera que la tyrannie d'une majorité, un despotisme olygarchique cent fois pire que le despotisme d'un seul. » « Or... la liberté individuelle ne peut être garantie que par une justice indépendante et la justice ne peut être indépendante que lorsque les magistrats sont inamovibles. Il faut que le juge, sur son siége, n'ait rien à redouter ni des menaces du pouvoir, ni des ressentiments des justiciables, ni des caprices de la multitude. Mettre les juges dans la main du peuple, c'est faire entrer la politique, l'esprit de parti, les passions de chaque jour dans la justice. Or, la justice ne doit avoir rien de commun avec la politique.... Ce système n'a donné que de détestables résultats dans la pratique. » V. *Liberté civile*, p. 269 et 270 à la note.

seul. Sans lui confier l'inamovibilité, on pourrait adopter des mesures pour protéger son indépendance (V. préface).

5. Avant de remédier au mal, il faut l'empêcher de se produire, en exigeant des candidats à la magistrature les preuves les plus complètes de leur capacité. L'art. 85 de la constitution de 1848 exigeait qu'une loi réglât l'ordre de candidature et les conditions pour être nommé magistrat. Cette loi n'a pas été faite, il faut la faire et au plus tôt, car le pouvoir une fois constitué chercherait encore à échapper à cette nécessité.

On ne saurait être trop sévère sur la capacité des candidats. Pour ceux qui enseignent le droit, on exige le grade de docteur, et on les soumet à un concours. Pourquoi n'en serait-il pas de même pour ceux qui doivent appliquer le droit, décider de la fortune et de la liberté des citoyens ?

Sans doute les épreuves du concours seraient différentes, la pratique devrait y tenir la même place que la théorie. Mais, non-seulement on élèverait ainsi le niveau des études juridiques, celui des magistrats capables, mais encore on consacrerait la loi de l'égalité, et on réprimerait (sans l'extirper peut-être) les abus du favoritisme.

Nos lois sont uniformes sur toute l'étendue du territoire; les concours devraient avoir lieu entre tous les candidats de la France. Le magistrat, nommé au concours, serait plus capable et plus indépendant.

Il en est qui cherchent l'indépendance du magistrat dans sa fortune, comme si les *manieurs d'argent* de tous les siècles n'ont pas donné l'exemple du plus grand servilisme ! Comme si l'une de nos plaies n'est pas que, parmi nos jeunes gens, la fortune engendre souvent la paresse ! Comme si le *savoir* n'est pas la meilleure source de l'indépendance chez tous, favorisés ou non des richesses?

Ce n'est pas le lieu d'entrer dans des détails sur les conditions du concours. Disons seulement que pour l'admissibilité au concours, on pourrait exiger que les candidats établissent qu'ils ont fait leurs preuves au barreau et devant la magistrature, qu'ils sont estimés, appréciés et des confrères avec lesquels ils ont vécu, lutté, et des magistrats devant lesquels ils ont plaidé.

6. Le magistrat inamovible, ne craignant pas d'être révoqué, peut s'abandonner à l'oisiveté; s'il ne travaille pas, de capable il deviendra peu à peu incapable. Il ne suffit pas de nommer un magistrat capable, il faut le conserver tel.

Le travail seul entretiendra sa capacité. Les magistrats ne travaillent pas assez, leur oisiveté prête à la raillerie, les déconsidère, affaiblit leur capacité.

Ce mal est réel, il faut y porter remède.

Nous avons cherché le remède, nous croyons l'avoir trouvé dans la réforme de la procédure, en réalisant du même coup deux grands progrès, l'abaissement des frais par la simplification de la procédure, et la meilleure administration de la justice en chargeant les magistrats eux-mêmes de l'instruction des affaires civiles dès leur naissance.

Les avoués seraient supprimés avec indemnité, les avocats deviendraient les seuls conseils des parties. Dans toutes les affaires, un juge-commissaire serait nommé; il entendrait les parties ou leurs avocats, chercherait à les concilier, recevrait leurs conclusions, les pièces à l'appui, prendrait auprès des juges de paix, dont le rôle principal serait d'être des auxiliaires de la justice, tous les renseignements utiles, qu'ils n'auraient pu obtenir directement des parties ou de leurs avocats, puis, l'instruction complète et tous les moyens de conciliation épuisés, il ferait son rapport au tribunal qui jugerait après plaidoiries.

Nous avons développé nos idées dans un article que nous avions envoyé à la *Revue pratique* au début de la guerre, en critiquant le projet de réforme de la procédure élaboré au Conseil d'état. Nous le publions ci-après, ce qui nous dispensera d'entrer actuellement dans de longs développements (Voir aussi la préface).

Avec notre système, la procédure serait réduite à la plus grande simplicité; le juge, la suivant pas à pas, pourrait à chaque instant amener une conciliation, il connaîtrait l'affaire dans ses plus petits détails, et il l'instruirait, non point, comme chaque avoué dans l'intérêt de son client, mais dans l'intérêt exclusif de la vérité. La cause des parties, confiée aux soins éclairés d'un avocat, ne serait pas négligée, mais à côté d'eux, un homme impartial, étranger aux passions des parties, rechercherait les moyens propres à faire triompher le bon droit. Une telle institution aurait un autre résultat, celui qui nous préocupe en ce moment: elle forcerait les magistrats au travail, et, par le travail, elle entretiendrait, et accroîtrait leur capacité; à l'œuvre, sur leurs rapports oraux et écrits, on apprécierait mieux leur mérite, on reconnaîtrait plus facilement ceux qui devraient être récompensés et appelés à une juridiction supérieure.

Les affaires seraient mieux étudiées, et l'on aurait de meilleurs juges.

Les frais seraient considérablement réduits. Les parties n'auraient plus à payer d'avoués, et quand le prix des offices aurait été soldé au moyen d'un amortissement que nous proposons, les droits du trésor seraient successivement abaissés.

7. A côté du travail, la récompense.

L'homme, *même* le magistrat, est porté à ne rien faire que l'indispensable, quand son travail n'est pas récompensé ; le législateur doit prendre l'homme tel qu'il est, et non faire des lois pour un idéal impossible à réaliser ici-bas.

La loi des peines et des récompenses est le grand mobile des actes de l'homme, depuis les plus infimes jusqu'aux plus importants, depuis l'enfant qui bégaie jusqu'au vieillard près de la tombe. Elle est le moteur des bonnes actions. Le législateur a toujours recueilli les meilleurs fruits quand il a su mettre en œuvre cette loi dont Dieu se sert pour conduire l'homme au bien. La loi du devoir se confond, est solidaire avec elle.

La carrière des armes, la plus honorable de toutes, ne trouve-t-elle pas dans la récompense des belles actions le plus puissant auxiliaire du sentiment du devoir !

Le zèle du magistrat inamovible, qui ne craint pas d'être révoqué, s'il ne fait rien, ne peut être soutenu, stimulé que par la récompense attribuée au mérite seul.

La récompense est le moyen d'acquérir et de conserver des magistrats capables.

Aussi nous ne partageons pas l'opinion de ceux qui voudraient supprimer ou ralentir l'avancement, en éteindre le désir chez le magistrat par l'élévation des traitements des magistrats inférieurs au niveau de ceux des magistrats d'une juridiction supérieure.

Que des mesures soient prises pour que l'avancement ne devienne un moyen de détruire les effets de l'inamovibilité, de porter indirectement atteinte à l'indépendance du juge, rien de mieux : nous le réclamons instamment. Mais, pour conserver l'indépendance du juge, ne frappez pas sa capacité, n'abolissez pas ce qui seul peut vous garantir qu'elle sera conservée, accrue (1).

L'inamovibilité, sans un avancement modéré, justement accordé au travail, au mérite, est un danger. Ce serait une prime à la paresse !

8. L'homme devient incapable par le défaut de travail, il le devient aussi par la maladie, qui peut affecter ou sa santé, ou son intelligence. Une chose surprenante, mais qui se présente constamment, le malade connaît rarement son état, et des magistrats infirmes ne peuvent se résoudre à quitter leur siége. Il n'est pas possible pourtant de laisser, par exemple, un sourd sur son fauteuil de juge, ni celui dont les facultés sont altérées. Ce cas a été prévu par un décret du 16 juin 1824, dont les dispositions sont théoriquement assez sages, mais peu *pratiques*. Une commission, composée du premier président, des présidents de chambre et du doyen de la cour, saisie ou d'office par le premier président ou sur les réquisitions du procureur général, examine d'abord s'il y a des motifs suffisants de croire à la réalité de l'infirmité alléguée ; puis, sur la réquisition du garde des sceaux, la cour, convoquée en assemblée générale, déclare s'il y a lieu de mettre le magistrat à la retraite.

---

(1) Citons encore M. Poitou, *Liberté civile*, p. 326, avec lequel nous sommes heureux de nous rencontrer : « Les fonctions judiciaires sont chez nous en trop grand nombre, elles sont, pour la plupart, trop humbles, trop peu rétribuées, pour qu'on puisse refuser à ceux qui les remplissent, le modeste avancement qui est la récompense bien légitime de leurs services. L'ambition, d'ailleurs, a du bon, elle est un aiguillon, ce à quoi il faut tendre, ce n'est pas tant à la détruire, qu'à la régler, et la contenir. »

Ce décret n'est pas appliqué ; les magistrats répugnent à frapper un collègue. Il faut le rendre plus *pratique*, en permettant de conserver au magistrat reconnu infirme son traitement jusqu'à l'âge ordinaire de la retraite. On se fera un moindre scrupule de provoquer le magistrat à résigner son siége, ou de déclarer l'infirmité. L'abus contraire sera facilement évité par le contrôle du garde des sceaux.

Si une charge trop grande en résultait pour le trésor, on pourrait remplacer le magistrat infirme par un suppléant qui obtiendrait par sa nomination un droit acquis à la première vacance.

Si ces mesures étaient regardées comme insuffisantes ou étaient rejetées, il faudrait que le garde des sceaux pût être informé directement par d'autres agents que les procureurs généraux, trop rapprochés des magistrats pour ne pas compatir à leurs misères et ne pas faiblir devant elles. L'intérêt privé doit toujours céder devant l'intérêt public, et s'il est essentiel que l'inamovibilité garantisse l'indépendance des magistrats, il est non moins essentiel qu'ils soient capables de remplir leurs fonctions.

9. Les maladies sont éventuelles, mais la vieillesse plus tôt chez les uns, plus tard chez les autres, arrive infailliblement, et, chez tous, plus ou moins, elle entraîne un affaiblissement des facultés.

Jusqu'en 1852 le magistrat inamovible n'était arraché à son siége que par la mort. Il y avait là très-certainement un mal sérieux, surtout en présence des difficultés que rencontre l'application du décret du 16 juin 1824.

Un décret du 1er mars 1852 a décidé que tous les magistrats inamovibles seraient mis à la retraite à 70 ans, et ceux de la Cour de cassation à 75 ans.

Le but non avoué de ce décret était purement politique, c'était une suite du coup d'Etat ; on n'osait pas frapper toute la magistrature, on en frappait successivement les chefs.

La faute de toutes les révolutions ou libérales ou autoritaires est de vouloir s'élever sur des ruines ; elles ne produisent ainsi que haine et réaction, au lieu de l'amour et du progrès. Gardons-nous de ces égarements, dans toutes nos institutions n'apportons que des germes de vie, de paix, et de lumière.

Nous n'aimons pas ce décret à cause de son origine, mais ne le répudions pas sans examen ; quelquefois de sages mesures sont mises au service des mauvaises causes.

Au point de vue politique, celui qui a produit le décret, est-il bien regrettable qu'un sang nouveau soit graduellement infusé au corps inamovible de la magistrature, l'un des membres de la Nation, qu'il lui apporte les éléments de vie qui circulent dans les autres membres, et maintienne l'harmonie entre toutes les parties de ce grand corps social ?

Les principes humains poussés à l'extrême, à l'absolu, ne produisent rien de bon. L'inamovibilité a besoin d'être tempérée, pour ne pas être détruite aux heures de crise. Toute force a besoin d'une soupape de sûreté.

Ce décret de 1852, tant attaqué sous l'Empire parce que personne n'ignorait sa raison d'être, va produire de bons résultats aujourd'hui dans le sens libéral, et sans recourir à ces démolitions radicales, sous lesquelles sont toujours pris ceux qui les font.

A notre sens, la suppression du décret serait une vraie réaction : et il ne fallait pas être bien perspicace pour le reconnaître , quand sous l'Empire, parmi ceux qui en demandaient l'abolition, on voyait figurer des magistrats et des hommes politiques des plus autoritaires.

Au regard de ces autoritaires, en effet, le résultat que voulait atteindre le décret de 1852 était acquis, les magistrats des anciens régimes avaient disparu, il fallait immobiliser ceux du régime de 1851, et arrêter l'arrivée des magistrats empreints des idées nouvelles. Effectivement, l'abrogation du décret aurait profité à ceux qui lui devaient leur avancement. Les libéraux, par haine de l'origine du décret, réclamaient son abolition, sans en voir les conséquences contraires à leurs doctrines. Ils se préoccupaient, avec juste raison, du pouvoir sans limites laissé à l'autorité pour les nominations, et dont l'exercice affaiblissait les garanties d'indépendance assurées à la magistrature par le principe de l'inamovibilité.

Ils voulaient réprimer les abus du pouvoir dans les nominations, dans l'avancement, en rendant les vacances moins fréquentes. C'est ainsi que, partant de points différents, les libéraux et certains autoritaires se rencontraient sur un terrain commun. Ce que les libéraux auraient dû demander, c'était, non point l'abrogation du décret, mais (comme ils l'ont fait d'ailleurs et comme nous le ferons bientôt nous-même) des modifications profondes dans les règles de l'avancement, et dans l'exercice du pouvoir confié au chef de l'Etat.

Au point de vue de la politique libérale que doit suivre le nouveau gouvernement de la France, il nous paraît incontestable qu'il est utile de maintenir le décret. L'abroger, ce serait détruire l'arme dont on s'est servi contre elle, et dont elle peut user aujourd'hui. Enfin il ne serait pas juste que ceux-là profitent de l'abrogation qui ont profité du décret pour leur avancement.

Sur ce terrain politique, nous nous sommes encore placé plus haut, en disant que le décret garantissait la magistrature d'une destruction totale au jour des crises ministérielles ou révolutionnaires, dont nous souhaitons que l'ère se ferme à jamais.

Abandonnant maintenant ce terrain sur lequel nous a appelé la pensée qui a dicté le décret de 1852, voyons de plus près si la mise à la retraite à l'âge de 70 ou de 75 ans, n'est pas utile pour assurer la capacité des magistrats compromise par la vieillesse, sans porter atteinte à leur indépendance et à l'inamovibilité qui la garantit.

Interrogeons l'expérience.

Il est incontestable qu'à 70 ans l'intelligence a reçu, *en général*, de rudes atteintes.

Le magistrat qui a entendu plaider pendant 40 ou 45 ans, ne doit-il pas éprouver quelque lassitude ? (1)

(1) Un ancien avocat nous disait : Les dix premières années, on est aux petits soins pour le Client; les dix suivantes, on le traite sans façon ; plus tard on le met souvent à la porte, et si l'on ne prenait sa retraite on irait *peut-être* jusqu'à le jeter par la fenêtre. Cette exagération pittoresque de langage renferme une grande vérité : l'homme est ainsi, il se lasse à toujours faire le même travail : le magistrat, d'abord très attentif, devient distrait, et finit par .... écouter fort peu, ... par dormir, dirait Molière ou Racine.

D'ailleurs nous demandons un rôle plus actif aux juges, en les chargeant de diriger l'instruction des affaires ; il est désirable que le contentieux administratif soit déféré aux tribunaux, et plusieurs souhaitent la réduction du nombre des tribunaux ; un âge trop avancé pourra-t-il supporter le surcroît de travail qu'il est essentiel d'imposer aux magistrats ?

Sans doute, à 70 ans, des capacités survivront, et seront frappées par la mise à la retraite, mais la loi doit être uniforme, et c'est pour les cas les plus ordinaires qu'elle est faite. En reculant la mise à la retraite jusqu'à 75 ans pour les membres de la cour de Cassation, qui se compose de l'élite de la magistrature, on a atteint, croyons-nous, la limite extrême.

L'inamovibilité, perpétuée jusqu'à la plus grande vieillesse, deviendrait un mal ; la mise à la retraite à un âge déterminé obvie à ce mal ; en outre, nous l'avons déjà dit, elle supplée à l'insuffisance pratique du décret de 1824, même amélioré.

Envisageons-la maintenant sous un autre point de vue.

La limite d'âge, dans toutes les administrations, a pour but de ménager un avancement régulier aux petits fonctionnaires, pour encourager et récompenser leur travail, pour améliorer leur position.

Avec la limite d'âge, l'avancement est plus lent dans la magistrature que dans toutes les autres carrières ; si elle était supprimée, l'avancement serait complétement arrêté pendant longtemps. En effet, la première application de la limite d'âge a renouvelé et rajeuni la magistrature ; ce mouvement terminé, l'avancement va nécessairement se ralentir beaucoup.

Tout le monde reconnaît que le magistrat est mal rétribué ; s'il ne peut espérer améliorer sa position, non-seulement les capacités s'éloigneront, mais, sous l'empire du découragement, les capacités acquises, que le travail seul peut entretenir, s'affaibliront.

On veut diminuer la *fièvre d'avancement* en rendant l'avancement plus lent !... Absolument comme si l'on éloignait des lèvres de l'homme altéré la goutte d'eau qui calme

un peu sa soif, sous prétexte de l'étancher ! La fièvre redou-
blera, et voilà tout.

La limite d'âge est favorable aux petits fonctionnaires
pour lesquels chacun montre aujourd'hui une inquiète sollicitude, qui doit s'étendre à la magistrature. Elle est, en
outre, essentiellement morale, car elle a mis fin aux suppu-
tations des probabilités mortuaires. Le magistrat mis à la retraite est entouré de considération, soit qu'il eût pu rendre
encore des services, soit, ce qui est plus fréquent, qu'il eût
besoin du repos imposé par la loi.

En maintenant la limite d'âge, l'avancement sera-
t-il trop rapide ? Le calcul est facile à faire avec les données
que possède la chancellerie.

Nous le répétons, si l'avancement est donné au vrai
mérite, la loi sur la limite d'âge deviendra un moyen d'avoir
des magistrats plus capables.

Seulement, du bien à l'abus il n'y a qu'un pas, et
l'abus doit être énergiquement atteint ; nous nous en occupe-
rons bientôt en parlant de l'avancement d'une manière plus
spéciale (V: aussi la préface).

L'un des abus signalés par M. Paringault, consiste en
ce que des magistrats menacés par la limite d'âge donnent
leur démission quelques mois auparavant, à la condition que
leur fils ou neveu obtiendra un avancement. Le fait est très-
exact, il s'est produit plus d'une fois, et c'est une chose déplorable. Mais il ne faut pas l'imputer à la limite d'âge, car
il se produirait plus infailliblement en supprimant la mise à
la retraite obligatoire ; le magistrat qui donnerait sa démission conditionnelle serait bien plus sûr d'obtenir ce qu'il désire, si on ne pouvait lui répondre : Nous attendrons vos
70 ans....

C'est dans les règles de l'avancement qu'il faut donc
chercher un remède à cet abus.

Nous concluons que la limite d'âge doit être maintenue, comme un tempérament nécessaire du principe de l'inamovibilité.

10. En nous résumant, le magistrat doit être indépendant, et c'est pour cela qu'il est inamovible ; mais il doit

être en même temps capable, et, pour ce motif, il faut multiplier les preuves de capacité pour les candidats; par le travail
et de justes récompenses, conserver et accroître la capacité des
magistrats ; il faut, sans détruire le principe de l'inamovibilité,
éloigner les magistrats dont la capacité a pu être atteinte
par la maladie ou la vieillesse ; enfin, pour atténuer le mal
que causerait un magistrat qui, malgré toutes les précautions,
ne serait pas assez capable, l'inamovibilité ne serait pas conférée au magistrat jugeant seul, et la juridiction en dernier
ressort serait refusée à un juge amovible.

L'inamovibilité n'est pas un privilége d'impunité pour
les magistrats qui manqueraient à leurs devoirs. Une sévère
discipline doit être exercée sur eux. Le décret du 20 avril
1810, modifié par celui du 1er mars 1852, règle les formes
dans lesquelles cette discipline s'exerce. Nous ne croyons pas
qu'il y ait lieu de le modifier ; si l'on demande d'ailleurs que
la discipline soit plus sévère, nous applaudirons.

11. L'indépendance du juge n'est pas encore suffisàm-
ment protégée par l'inamovibilité. Non-seulement il ne faut
pas détruire cette garantie, il faut la fortifier contre l'influence du pouvoir ; c'est un point sur lequel tous les libéraux sont d'accord, mais ils diffèrent sur les moyens.

Un premier système, le plus radical, est de soumettre
les magistrats à l'élection populaire. M. Bérenger l'a admirablement réfuté dans le discours dont nous avons parlé (1).

En 1850, nous nous exprimions ainsi nous-même :

« Ce mode de nomination ne donnerait-il pas pleine
carrière à l'ambition et à l'intrigue, plus qu'à la capacité
véritable? Comment les électeurs pourraient-ils apprécier
cette capacité? Si le principe de l'élection, du suffrage uni-
versel, est un bon principe, sachons le restreindre aux cas
auxquels il peut s'appliquer avec fruit, et ne le tuons pas
par l'excès ou l'abus de son application. Un juge, sorti de
cette élection, serait soumis à toutes les influences poli-

(1) V. aussi M. Poitou, *Liberté civile*, p. 269 et 270.—Malgré
son libéralisme, M. Bérenger a été incarcéré par la Commune
de Lyon après le 4 septembre. Remis en liberté, il a refusé de
reprendre ses fonctions d'avocat général, s'est engagé dans une
légion du Rhône, et a été blessé au combat de Nuits. Nous
aimons de tels libéraux.

tiques et locales, qui sont la gangrène de la société de nos
jours, et, au lieu d'un juge destiné à maintenir les lois exis-
tantes, on pourrait être exposé à avoir un esprit anti-social
et subversif, qui n'aspirerait qu'à les renverser. Conçoit-on,
d'ailleurs, un juge élu par ses justiciables? Où sera son indépendance? Sera-t-il impartial entre un plaideur qui a voté
pour lui et celui qui a voté contre? Ne calculera-t-il pas sur
l'avenir et l'électeur sur le passé? « Ne se fera-t-il aucune
capitulation entre le bulletin de l'un et la sentence de l'autre
(Hello). » Mauvais électeur, mauvais juge, et, comme l'a dit
M. Dupin, au lieu d'une justice impartiale, on aurait une
justice politique, une justice de parti. »

Comment, ajouterons-nous, avec un tel système, régler l'avancement des magistrats?

Utopie! dangereuse utopie! Evitons d'en faire une
désastreuse expérience.

Autre utopie que celle qui confierait l'élection aux
avocats, avoués, notaires, officiers ministériels. Quel juge
indépendant pourraient-ils nommer? Ce juge ne sera-t-il pas
au moins suspecté de favoriser (s'il ne favorisait en réalité)
l'avocat ou l'avoué qui l'aurait nommé, de faire perdre, au
contraire, les procès de ceux qui auraient voté contre lui,
d'être fort généreux en taxant les états des officiers publics
et ministériels de son parti, impitoyable envers les autres!...

Les partisans des juges électifs croient d'ailleurs que
de tels juges ne pourraient être inamovibles, et il est impossible même de ne pas reconnaître que la logique de leur système impose une telle solution. Or, comme pour nous le
juge amovible est un juge dépendant, esclave du pouvoir qui
l'a nommé, et que le magistrat doit avant tout jouir d'une
suprême indépendance; comme pour nous la servitude de la
justice est la suppression de la liberté; comme nous aimons
la liberté, la vraie liberté, non celle qui usurpe son nom;
comme, à nos yeux, sans la liberté aucune constitution ne
sera durable en France, nous devons repousser un système
aussi funeste.

En Belgique, le pouvoir exécutif choisit sur deux
listes présentées, l'une par la Cour, l'autre par le conseil pro-

vincial. M. Prévost-Paradol propose qu'une seule liste soit présentée par les corps judiciaires et les membres du conseil général ou du conseil d'arrondissement réunis.

« Ce serait, dit avec raison M. Bérenger, en réalité remettre partout les soins de l'élection aux conseils de département et d'arrondissement, de beaucoup les plus nombreux. Or, qui ne sait qu'en France toute assemblée délibérante est ou devient fatalement, à un moment donné, un corps politique ? L'intérêt politique ne tarderait donc pas à diriger les choix. »

Nous partageons cet avis. Nous l'avons dit déjà, la politique doit être exclue de l'administration de la justice ; elle ne pourra l'être, si elle préside à la nomination des magistrats. Pourquoi a-t-on senti le besoin de restreindre le pouvoir du chef de l'Etat dans le choix des magistrats ? Parce que la politique infectait les nominations. Ne retombons pas dans le même mal par une autre voie.

M. Bérenger, s'appuyant sur la tradition des parlements, demande que les présentations, qui aujourd'hui émanent du premier président et du procureur général, soient faites par la Cour entière (1).

C'est un grand pas vers le progrès.

M. Martel et ses collègues veulent plus ; les nominations seraient faites, pour les membres des tribunaux, par les Cours ; pour ceux des Cours, par la Cour de cassation.

Ce projet n'a pas été discuté, mais on a paru craindre qu'il ne donnât trop de pouvoir au corps judiciaire et qu'il n'en fît un corps séparé, trop indépendant dans l'Etat. On a dit que les dangers du népotisme seraient encore aggravés.

A toutes ces solutions du grave problème posé devant nous, nous préférons celle que nous avons déjà indiquée, en parlant des preuves de capacité à exiger des candidats, nous préférons le concours, parce qu'il présente la double garantie de la capacité et de l'indépendance, qu'il ne faut jamais séparer.

Un concours serait ouvert sous le contrôle de la Cour

____

(1) M. Poitou, p. 330, l'avait également proposé.

d'appel pour les justices de paix. Le grade de licencié ou un certain temps d'exercice comme avoué ou notaire, serait exigé.

Le concours pour les places de juge serait ouvert devant la Cour de cassation. Le grade de docteur pourrait être exigé, avec un stage de cinq ans comme avocat stagiaire ou inscrit. Les juges de paix ayant exercé pendant dix ans, les avocats ayant plaidé *effectivement* pendant le même laps de temps seraient exemptés du grade de docteur.

D'autres conditions seraient imposées pour l'admissibilité au concours ; le conseil de l'ordre des avocats auquel le candidat appartient, les tribunaux et les Cours pourraient donner leur avis sur cette admissibilité, comme nous l'avons déjà indiqué.

Les vainqueurs au concours formeraient les suppléants auxquels, dans l'ordre de leur réception, comme pour les élèves de l'école polytechnique, seraient distribuées les places vacantes dans l'année.

Nous nous bornons à ces traits généraux ; c'est le principe seul que nous voulons poser ici.

Si le concours nous paraît être le meilleur moyen de connaître la capacité des candidats à la magistrature, nous le croyons moins utile, sans le répudier absolument, pour l'avancement. L'appréciation des services rendus est alors dominante, et cette appréciation doit être faite pour ainsi dire au jour le jour. Il importe qu'elle soit faite avec justice, que l'intrigue et le favoritisme n'y aient aucune part ; il ne faut pas que la récompense de l'avancement, essentielle à nos yeux pour maintenir et élever la capacité des magistrats, soit une arme contre son indépendance ; il faut qu'elle soit décernée au plus digne.

Aujourd'hui, il n'existe aucune règle d'avancement hiérarchique ; un avocat inscrit depuis peu, n'ayant jamais plaidé, un juge ayant quelques années d'exercice, peuvent être et sont nommés conseillers aussi bien qu'un ancien président. De là des scandales ! De là cette course aux places, sans frein, sans honte !... (1)

____

(1) « L'avancement, dans la hiérarchie judiciaire, n'est soumis à aucune règle ; il est tout entier laissé à l'arbitraire du ministre :

Une règle uniforme doit être posée. A notre avis, les présidents devraient être pris parmi les juges, les conseillers parmi les présidents, les présidents de chambre parmi les conseillers, les premiers présidents parmi les présidents de chambre, les conseillers à la Cour de cassation parmi les premiers présidents, et ainsi de suite.

On remarquera que nous ne parlons pas des membres du ministère public, et à dessein; nous en dirons bientôt le motif.

Les règles de l'avancement hiérarchique étant posées, comment apprécierait-on les titres des magistrats, et qui les apprécierait ?

Les opinions ici peuvent varier, voici la nôtre :

D'abord si, dans toutes les affaires civiles, il y avait un juge commis pour en diriger l'instruction et faire un rapport oral ou écrit; si, comme nous allons le demander, les fonctions de l'instruction criminelle n'étaient plus dévolues à un seul juge, mais successivement à chacun d'eux, leur mérite respectif sauterait aux yeux, pour ainsi dire. Les travaux écrits pourraient d'ailleurs être comparés.

La Cour, chaque année, sur les rapports des présidents et les renseignements recueillis par elle, pourrait être appelée à dresser un tableau d'avancement par ordre de mérite.

Ce tableau serait communiqué aux magistrats qui auraient le droit d'y joindre leurs observations. Comme, dans nos idées, l'avancement devrait se faire dans toute la France, afin que des ressorts ne fussent pas plus favorisés que d'autres, les tableaux dressés par les Cours et les rapports à l'appui seraient envoyés à la Cour de cassation qui ferait elle-même un rapport et dresserait un tableau général. S'il était nécessaire, des inspecteurs généraux parcour-

l'ancienneté, les services rendus, ne créent aucun droit positif; tout est au choix. Une fois nommé, le magistrat, il est vrai, ne peut plus être arraché de son siége, mais on peut, s'il déplaît, et quel que soit son mérite, le laisser croupir dans un poste inférieur, dans une situation humble, étroite, mal rétribuée... » Poitou, *Liberté civile*, p. 273.

raient toute la France, comme pour les autres administrations, et leurs rapports sur le personnel mis en regard de ceux des Cours éclaireraient la Cour de cassation pour le travail de classement qu'elle aurait à faire, et ils veilleraient spécialement à l'exécution du décret de 1824 sur la mise à la retraite.

Rien, d'ailleurs, ne serait secret ; la publicité rendrait plus effective la responsabilité des Cours d'appel et de la Cour de cassation.

Le choix du pouvoir exécutif serait ou enchaîné par l'ordre du tableau de classement, ou limité entre deux ou trois noms qui devraient être placés sur la même ligne.

Dès lors, plus de basses intrigues, plus de manœuvres cachées ! On ferait valoir ses droits, on produirait ses titres au grand jour ; une noble émulation circulerait dans tous les rangs de la magistrature, animerait le travail de chacun, au plus grand bien de l'administration de la justice. Les magistrats seraient et plus indépendants et plus capables.

Plus aussi de petites combinaisons, de mouvements laborieusement réglés pour produire une vacance dont on a besoin, et non pour récompenser les plus anciens ou les meilleurs services ! Plus de sollicitations importunes au moment où une vacance se présente, sollicitations qui finissent par s'imposer à tous, même à ceux à qui elles répugnent, et qui choquent toutes les bienséances quand c'est la mort d'un collègue qui laisse vacante la place sur laquelle on se rue ! Chaque année, la position des magistrats serait réglée, connue ; l'événement survenant, la solution serait prévue d'avance.

Une telle mesure rehausserait singulièrement la dignité de la magistrature.

12. Nous n'avons pas encore parlé des membres du ministère public, parce que, à notre avis, il faudrait entièrement séparer la magistrature inamovible du ministère public révocable, et élever entre eux une barrière infranchissable.

Les attaques dont la magistrature souffre, ont été surtout dirigées contre le ministère public. Il est nécessaire de supprimer toute solidarité entre la magistrature et lui.

On a dit à la tribune que le ministère public était, sous le régime déchu, un instrument servile du pouvoir, maître de révoquer les membres du parquet qui auraient résisté, et de récompenser les *dévoués*, en leur conférant les siéges les plus enviés de la magistrature inamovible, après les avoir habitués à une docile obéissance.

Le tableau était fort assombri, fort exagéré dans les attaques de la presse et de la tribune, mais ne pallions point le mal, ayons le courage de découvrir la plaie pour la guérir.

Oui, nous avons connu au sein du ministère public de beaux caractères, des esprits indépendants qui protestaient sans bruit, se bornaient à recevoir les circulaires et les instructions, mais ne rendaient pas les services qu'on réclamait d'eux; d'autres qui se retiraient sans éclat.

Oui, nous nous souvenons tous encore de la démission de M. Séguier, à laquelle, pour notre part, nous n'avons pas reproché d'être trop bruyante, parce qu'il est utile quelquefois d'éveiller l'attention publique.

Oui, nous avons entendu un avocat général à Lyon, M. Bérenger, faire une profession solennelle des principes les plus libéraux sur les fonctions du ministère public, et revendiquer hautement l'indépendance de sa plume comme celle de sa parole.

Oui, mais la masse fléchissait entre la crainte d'une révocation et l'appât des honneurs, les caractères s'affaissaient, et l'espoir certain de la récompense excitait le zèle, l'emportait au-delà des limites, comme dans l'affaire des juges de Clermont.

Il est certain aussi que l'avancement était presque toujours donné de préférence aux membres du parquet, que la magistrature révocable était la pépinière de la magistrature inamovible.

Peut-on nier que, sous une pareille influence, le caractère de la magistrature ne fût profondément altéré?

On devrait, à la chancellerie, faire un état des présidents de tribunaux, conseillers, présidents de Cour, membres de la Cour de cassation, qui ont dû leur avancement à leurs services dans le parquet. On serait étonné des résultats?...

Et quand Berryer signalait ces abus, on se récriait, et

la magistrature s'infligeait la honte de ne pas assister seule à ses belles funérailles !

L'envahissement de la magistrature inamovible par le ministère public, voilà la plaie vive ! Voilà ce qui énerve les effets de l'inamovibilité, qui rend nécessairement suspecte l'indépendance du magistrat, quand il ne la détruit pas !

L'indépendance même du magistrat inamovible qui ne sortait pas du parquet, n'avait-elle pas à souffrir de la concurrence redoutable qu'il devait soutenir pour son avancement contre les membres du parquet ?

Avec l'indépendance, la capacité s'abaissait. Le parquet pouvait fournir de bons criminalistes, avec les tendances toutefois de leurs premières fonctions, que tous ne dépouillaient pas facilement, mais la plupart du temps ils étaient obligés de se remettre à l'étude du droit civil, fort négligé et oublié par eux (1).

Ce n'est pas tout. Combien de siéges de président et de conseiller étaient donnés à des magistrats du parquet qu'on *asseyait* pour cause de peu de capacité !

C'est ainsi qu'étaient affectés à la fois et l'indépendance et la capacité de la magistrature.

En étudiant les monuments de notre jurisprudence, il est impossible de ne pas reconnaître que le niveau de la capacité juridique de nos Cours est descendu.

Les abus du passé ne se reproduiront-ils plus ?

Le pouvoir passe de main en main ; on ne peut répondre de tous ceux qui le possèderont ; les hommes sont tou-

---

(1) M. le conseiller Poitou dit à peu près textuellement ce que nous avons dit et nous sommes heureux de nous être si bien rencontré avec lui ; nous n'avons qu'à généraliser sa pensée en supprimant deux mots, pour la rendre applicable à tous les membres du parquet.

« Aujourd'hui, dit-il, p. 333, les... présidents sont presque toujours pris parmi les procureurs..... On peut affirmer pourtant sans crainte d'être démenti, que la direction des parquets n'est pas la meilleure des écoles pour former un..... président. Les deux fonctions exigent des qualités toutes différentes, et développent des habitudes toutes contraires. De ce qu'un homme est un excellent procureur..., il n'y a point à conclure qu'il fera un bon... président, ou du moins il est bien certain qu'il aura besoin, pour y parvenir, de se faire une nouvelle éducation, de cultiver en soi de nouvelles aptitudes, de s'inspirer surtout d'un nouvel esprit. »

jours des hommes; il vaut mieux se fonder sur des institutions que sur eux, sable mouvant apporté par le flux et que le reflux emporte.

N'avons-nous pas fait l'expérience de bien des régimes! N'avons-nous pas vu les mêmes abus !

Citons le dernier exemple de notre histoire. L'un des cinq, le libéral M. Ollivier, n'a-t-il pas, pour le plébiscite, demandé des services politiques aux membres du ministère public ? N'en a-t-il pas été de même de la Délégation ?

Oui, fions-nous aux lois plus qu'aux hommes pour couper le mal dans sa racine.

Ce qu'il importe au plus haut degré, c'est de constituer une *magistrature qui juge* indépendante, indépendante de tous, spécialement de la *magistrature qui poursuit*. La constitution même du ministère public, sa révocabilité, la nature de ses fonctions, le soumettent à un mal grave, qu'il menace de communiquer à la magistrature qui juge; séparons d'abord ces deux corps, et l'un au moins sera sauvé. L'indépendance du pouvoir qui juge importe plus que celle du pouvoir qui n'a que la poursuite dans son domaine.

Rompons une solidarité fatale et nuisible à tous les points de vue.

On a beaucoup trop rapproché l'un de l'autre celui qui exerce l'action publique, et celui qui statue sur elle; la mission de ce dernier est de se tenir à égale distance de l'accusation et de la défense. On les a tellement rapprochés que peu à peu leur indépendance de droit allait être compromise par les empiétements et la prédominance de fait du ministère public.

Séparation ! voilà le premier, le seul remède.

Les membres du parquet ne pourront entrer dans la magistrature inamovible que par la porte commune, le concours.

Cette simple mesure rendra à la magistrature assise une autorité toute-puissante qu'elle tendait à perdre, et dont la société a le plus impérieux besoin.

Elle fera rentrer le ministère public dans sa sphère

propre, où le rôle le plus honorable et le plus brillant peut lui être réservé (V. préface).

Quel doit être ce rôle ? Quelle indépendance doit lui être réservée ?

Personne, que nous sachions, n'a demandé l'inamovibilité pour le ministère public. Si le magistrat qui juge doit être inamovible, c'est qu'il n'a de compte à rendre qu'à sa conscience ; la responsabilité de son jugement l'affecte seul, ne remonte à personne autre.

Le ministère public est, au contraire, l'agent du gouvernement; la responsabilité de ses actes remonte au gouvernement, seul responsable directement vis-à-vis de la nation. De là découle nécessairement pour le gouvernement le droit de nommer, de déplacer, de révoquer les procureurs généraux et leurs substituts, agents dont il répond et qui sont responsables envers lui.

Aux fonctions du ministère public concourent hiérarchiquement le ministre, les procureurs généraux, les procureurs de la République. Si les procureurs généraux et les procureurs de la République agissaient quand le ministre le leur défend, refusaient d'agir quand il le leur prescrit, il n'y aurait plus unité d'action ; on agirait dans certains arrondissements, on n'agirait pas dans d'autres, suivant la volonté ou le caprice des agents inférieurs ; ce serait le trouble, la confusion, le désordre.

Aussi rien ne nous paraît plus fondé que ce principe formulé par Treilhard en des termes qui ont été souvent cités à propos de l'incident Séguier : « Le procureur général est obligé de se conformer aux ordres qu'il reçoit pour entamer les poursuites. »

L'application de ce principe produit les résultats suivants : ou le procureur général, sur l'ordre du garde des sceaux, et le procureur de la République, sur l'ordre du procureur général, obéissent et intentent une poursuite qu'ils trouvent juste ; — ou, au contraire, la trouvant injuste, ils offrent leur démission, sollicitent un changement, ou bien ils adressent des observations respectueuses, attendant leur révocation, et, si le gouvernement persiste, il leur donne un successeur qui partage ses vues.

Telle est la seule voie à suivre par le magistrat dont le caractère est élevé, noblement indépendant, et dont la conscience ne veut pas assumer la responsabilité d'un acte qu'il réprouve ; et c'est le devoir que trace aux membres du ministère public M. l'avocat général Bérenger dans le discours dont nous avons plusieurs fois parlé.

Mais c'est le caractère de l'homme et non la loi qui dicte cette conduite. Ne serait-il pas bon de venir en aide à l'homme, et de donner ainsi plus d'efficacité au principe de l'indépendance de la parole du ministère public ?

Nous savons bien qu'aux mots déjà cités, M. Treilhard ajoute que, les poursuites entamées, *le procureur général devient l'homme de la justice, et que les ordres supérieurs ne règlent plus ses conclusions* ; et tout le monde proclame avec lui que la parole du ministère public est libre, et l'on admet, qu'au lieu de donner sa démission ou de se faire révoquer, l'officier du ministère public devra obéir à l'ordre de son supérieur, sauf à conclure à l'audience contre la poursuite après l'avoir intentée, mais cela est choquant.

Sans doute il arrive que le ministère public provoque un non-lieu ou un acquittement, qu'il modifie ses premières réquisitions, et que sa conduite n'implique pas contradiction ; dans certaines causes pourtant la contradiction serait flagrante. N'y a-t-il pas moyen de l'éviter ?

Enfin, cette règle universellement admise, que la parole du ministère public est libre, a-t-elle, en fait, une sanction possible autre que celle infligée à une révocation imméritée par l'opinion publique ou par un blâme des représentants de la nation ?

Nous ne le pensons pas.

Si un procureur de la République témoigne, en portant la parole, d'une incapacité évidente au point de vue du talent oratoire ; si, en concluant contre la poursuite ordonnée par ses chefs, il prouve son peu de jugement, il commet des erreurs grossières, il professe des doctrines réprouvées par tous ; est-il possible d'imposer à un ministre responsable l'obligation de conserver un tel magistrat, sous le prétexte que la parole du ministère public est libre ?

Certainement non ; nous avons choisi à dessein des

exemples pour lesquels le doute ne soit pas permis. Dans d'autres cas, l'appréciation sera plus difficile; mais cela deviendra une question d'appréciation, et le principe que la *parole est libre* sera une simple règle de conduite sans une sanction effective.

Ainsi, nous ne voulons pas d'une obéissance passive, aveugle, et nous plaçons le ministère public devant la nécessité d'une démission ou d'une révocation; le principe que la parole est libre ne peut être absolument vrai en pratique, et il produit des résultats choquants, qui compromettent la considération du ministère public.

Une réforme paraît donc nécessaire.

Pour mieux concilier les devoirs des procureurs généraux et de leurs substituts envers leurs chefs et envers leur conscience, pour ne pas les exposer à faiblir, ne vaudrait-il pas mieux laisser l'honneur et la responsabilité de la poursuite à celui qui en a eu l'initiative ?

Quand le procureur de la République intenterait l'action de son propre mouvement, c'est lui qui signerait seul tous les actes de la poursuite.

Quand il agirait, sur la provocation du procureur général, qu'il approuvât ou non la poursuite, le premier réquisitoire serait envoyé par le procureur général, et tous les autres actes seraient signés par le procureur de la République, d'*ordre du procureur général*.

Enfin, quand l'initiative appartiendrait au ministre, il enverrait lui-même le premier réquisitoire, et les autres actes seraient signés par le procureur de la République, d'*ordre du ministre de la justice*.

Les responsabilités seraient ainsi mieux déterminées; avant d'exécuter l'ordre d'un supérieur, le procureur général et le procureur de la République n'auraient pas à se prononcer immédiatement, ils formeraient leur opinion suivant le résultat des procédures ou des débats d'audience, et plus librement ils émettraient leur opinion devant le juge, sans craindre une contradiction entre leurs actes de poursuites et leurs conclusions.

La parole du ministère public gagnerait ainsi une grande autorité, en acquérant une indépendance plus réelle.

Le procureur général conserverait le droit de prendre la parole lui-même, ou de la donner à un avocat général.

Enfin, si nous n'aimerions pas le système anglais, consistant à commettre un avocat pour chaque accusation , nous ne verrions aucun danger à accorder au ministre le droit de recourir à un avocat dans une circonstance extraordinaire.

D'ailleurs c'est au sein du barreau que les organes du ministère public seraient toujours pris, c'est là qu'ils rentreraient quand leurs opinions ne seraient plus en harmonie avec celles du gouvernement. Le parquet et le barreau se disputeraient les maîtres de l'éloquence judiciaire.

Dans les conditions que nous venons d'indiquer, et le ministère public étant complétement séparé de la magistrature inamovible, il n'y aurait aucun inconvénient à ce qu'il fût chargé de la poursuite des délits politiques et des délits de presse devant le jury.

Mais il ne devrait jamais être appelé à rendre des services en dehors des fonctions judiciaires.

Tout ce que nous avons dit sur l'avancement des magistrats ne saurait s'appliquer au ministère public, organe d'un gouvernement responsable. C'est au gouvernement à choisir les organes les plus éloquents, les meilleurs interprètes de sa pensée.

Cependant pour l'ordre ordinaire des choses, dans l'intérêt de l'avenir des magistrats, certaines règles pour l'avancement seraient établies. Actuellement, devant le plus grand nombre de tribunaux, il y a un substitut et un procureur de la République, dans d'autres il y a deux ou trois substituts, ce n'est que dans quelques grands centres qu'il y en a davantage. Il en résulte que le premier degré de l'avancement serait facilement acquis. Il y a plusieurs classes de procureurs de la République, on pourrait les rendre plus nombreuses. Il n'y aurait pas à modifier la position actuelle des avocats généraux et des procureurs généraux (V. préface).

On écarterait, dès les premières années de leurs débuts, les substituts et les procureurs qui n'auraient pas un talent de parole incontestable, ils rentreraient dans le barreau ou concourraient, suivant leur aptitude, pour une place de juge.

La magistrature assise ne s'ouvrirait qu'au concours devant les magistrats du parquet, à plus forte raison en serait-il de même pour les avocats. Il est essentiel qu'une telle règle soit absolue; le concours donne d'ailleurs, à celui qui l'a subi, un droit acquis sur tous; il serait étrange de voir une nomination due à la faveur auprès de celles conquises à force de travail.

Ce magistrat né de la faveur serait-il libre, indépendant? Serait-il choisi parmi les meilleurs jurisconsultes du barreau, ou parmi les plus complaisants, parmi ceux qui auraient rendu des services politiques? Si les magistrats avaient à craindre une telle concurrence, ne seraient-ils pas portés à chercher les moyens de gagner les faveurs qui pourraient être accordées à un autre? Ne compromettrait-on pas encore cette indépendance, ce caractère du magistrat, qui doivent planer au-dessus de tout soupçon?

L'égalité devant le concours! telle est donc notre conclusion radicale, absolue, sans exception.

13. Le juge d'instruction est révocable des fonctions de l'instruction ; cependant il juge, et, depuis la suppression de la chambre du conseil, il juge seul.

Est-il possible qu'il résiste efficacement aux réquisitions du procureur général? Il instruit librement, mais ses ordonnances sont-elles toujours librement rendues?

Nous craignons le contraire, et nous demandons pour lui l'inamovibilité absolue, afin qu'il ne paraisse plus être un auxiliaire du parquet. S'il juge seul, il ne juge jamais en dernier ressort, et ne prononce que des non-lieu, ou des renvois devant une juridiction qui juge définitivement.

Nous demandons quelque chose de plus. Il est regrettable, d'après nous, que les fonctions de l'instruction soient déférées d'une manière permanente à un juge désigné; il serait préférable que l'instruction des affaires criminelles fût répartie entre les divers juges, aussi bien que l'instruction des affaires civiles. C'est le tribunal lui-même qui ferait la répartition du travail ; ce serait une nouvelle garantie de l'indépendance du juge d'instruction. Cela rendrait inutile l'indemnité allouée au juge d'instruction, et elle servirait à augmenter légèrement le traitement des juges.

Cette réforme isolerait encore la magistrature qui juge de celle qui poursuit ; ce qui est fort important.

14. Résumons-nous.

Nous n'avons pas démoli l'édifice du pouvoir judiciaire, nous l'avons complété, amélioré.

Le magistrat doit être indépendant et capable. L'inamovibilité assure l'indépendance ; mais si le magistrat est incapable, le mal devient irréparable. — On atténue ce mal par le nombre des juges. — On le prévient en faisant appel au concours, en choisissant ceux qu'il révèle les plus capables. On entretient cette capacité par le travail, et on réalise en même temps la réforme de la procédure, l'abaissement des frais de justice ; on excite le zèle par un avancement modéré, récompense du travail et du mérite. On donne une retraite honorable à ceux que frappent les infirmités et la vieillesse.

Les dangers de l'inamovibilité ainsi combattus, profitant de l'expérience du passé, on fortifie l'indépendance du magistrat par des institutions auxiliaires de l'inamovibilité, en créant des règles fixes pour l'avancement, en confiant aux Cours et à la Cour de cassation le classement annuel des magistrats par ordre de mérite ou d'ancienneté, en éclairant et limitant ainsi le choix du pouvoir exécutif, en séparant complétement le ministère public révocable, organe et agent du Gouvernement, de la magistrature inamovible ; enfin une plus grande indépendance est également assurée au juge chargé de l'instruction criminelle.

15. Ces points fondamentaux établis, nous devons nous occuper à grands traits de l'organisation et de la compétence des tribunaux.

Ici encore ne détruisons pas ce que le passé nous a légué de bien ; améliorons.

16. Commençons par la plus modeste juridiction, celle des juges de paix.

Le Conseil d'Etat voulait augmenter leur compétence, nous avons vivement critiqué cette tendance, parce que les juges de paix sont amovibles, parce qu'ils jugent seuls, parce que actuellement ils n'offrent pas assez de garanties de capacité, que beaucoup même sont fort peu capables. Avec le juge de paix, nous redoutons l'arbitraire, et nous ne voulons de l'arbitraire sous aucune forme, surtout au milieu de nos populations peu éclairées de la campagne.

Les juges de paix sont amovibles, et nous croyons qu'il y aurait un danger réel à les rendre inamovibles ; il faudrait exiger des conditions de capacité qu'on ne rencontrerait pas, et nous avons déjà dit qu'un juge unique ne doit pas être inamovible, car s'il était ou devenait incapable, ce serait un fléau.

Le juge de paix juge seul. « Or, avons-nous dit ailleurs, le juge unique est privé de l'échange de lumières, de la pondération entre les opinions différentes qui se font au sein d'un tribunal composé de plusieurs membres. Quoique dans un tribunal il y ait un mauvais juge, la justice peut être bien rendue. Que le juge unique soit mauvais, et la justice est nécessairement mal rendue.

« L'homme est marqué au sceau de la faillibilité. Pour éviter ce grand mal des sociétés, l'erreur judiciaire, on a institué des tribunaux composés de plusieurs membres, des Cours composées de membres plus nombreux. Le juge unique n'a rien pour se protéger contre lui-même, contre sa faillibilité !

« Ce juge unique, amovible, faillible, pourra se laisser entraîner à l'arbitraire ; car il n'aura aucun frein que celui de l'appel ; et dans une commune rurale, cet arbitraire produira les plus tristes résultats.

« Suivant les circonstances locales, les divisions entre les habitants, les relations du juge, son impartialité sera exposée ou suspectée. Il est directement responsable de son jugement ; dans un tribunal, le jugement appartient au tribunal, non à chacun des membres qui le composent.

« Est-ce tout ? Non, non. Près des tribunaux, sont des

avoués, des avocats, présentant de sérieuses garanties de capacité, d'honorabilité, sur lesquelles une sévère discipline est exercée, soit par eux-mêmes, soit par la magistrature. Ils prètent à la justice un solide concours et ne peuvent impunément pressurer leurs clients. Auprès des juges de paix, s'est élevée, cupide autant qu'ignorante des choses du droit, une race d'agents d'affaires, d'avocats de village, vrai fléau de nos campagnes, où ils vont, jusqu'au sein des familles, entre les voisins, faire éclore tous les différends en germe, quand ils ne les font pas adroitement germer eux-mêmes. Leurs conseils de demi-savants (et quelle demi-science!) sont peu éclairés, non rarement pernicieux et largement payés, *quoique* non tarifés. Augmenter la compétence des juges de paix, c'est donner aux avocats de village une nouvelle sphère d'action, accroître leur importance, les faire pulluler dans les campagnes, et multiplier les petits procès, qui souvent expirent dans le cabinet de l'avoué ou dans celui de l'avocat. Sans doute des juges de paix savent bannir cette plaie de leur prétoire, mais tous ne le savent pas. D'ailleurs quand des agents d'affaires se présentent avec une procuration, ils sont obligés de les subir, et ils n'ont pas de moyen pour combattre leur funeste influence hors du prétoire. »

Il faut conclure que la justice est bien mieux rendue par les tribunaux que par les juges de paix, et qu'en attribuant à ces derniers la connaissance des procès de la compétence actuelle des tribunaux, on diminue les garanties d'une bonne justice.

Quels avantages peut-on en retirer?

On rapprochera les justiciables du juge! Mais le chef lieu d'arrondissement est peu éloigné.

On déchargera les tribunaux d'un surcroît de travail! La statistique prouve que les procès diminuent partout, que les tribunaux sont moins occupés, que la justice se rend promptement.

On diminue les frais! Mais il n'y a qu'à les réduire pour les petites affaires et à les laisser aux tribunaux.

Le seul avantage qu'on pourrait retirer, ce serait de permettre de réduire à un seul par département le nombre des tribunaux. Bientôt nous allons examiner cette question.

Que la compétence des juges de paix soit ou non augmentée, il est essentiel d'exiger d'eux le grade de licencié, ou l'exercice pendant un certain nombre d'années de la profession d'avoué, de notaire.

Cela ne suffirait pas si l'on n'augmentait pas leur traitement, qui devrait être le même que celui des juges.

Les juges de paix actuels ne sont pas assez capables ; un avocat général, M. Diffre, l'a dit nettement dans un discours de rentrée devant la cour de Chambéry, et qui de nous l'ignore ? Le recrutement est fort difficile. « Cette modeste carrière attire peu les jeunes gens auxquels des études complètes ouvrent les portes du barreau, de la magistrature, que sollicitent les agréments et les plaisirs des grandes villes, dont, pendant les trois années de l'école de droit ils se sont moins sevrés que de l'étude des lois. Pour les jeunes gens studieux, d'avenir, au lieu des ressources scientifiques et intellectuelles qui abondent dans les villes, quelle perspective leur offre le séjour indéfini dans un canton rural ? »

Pour obvier à ce mal que nous avons signalé en 1868, pour attirer les jeunes gens capables, il serait bon d'abaisser de 30 à 25 ans l'âge auquel on pourrait être nommé juge de paix, et d'augmenter le traitement, comme nous le proposons. Un concours décernerait aux plus capables les places de juges de paix, et au bout de dix ans, le juge de paix non docteur aurait le droit de concourir avec les avocats-docteurs, et les avocats ayant 10 ans d'exercice, pour une place de juge. Enfin si les offices d'avoués étaient supprimés, comme nous le demandons, on trouverait parmi les avoués dépossédés d'excellents juges de paix, qu'ils fussent ou non licenciés.

Dans cette régénération de la magistrature de paix, pour ne pas blesser les droits acquis, un délai serait accordé aux juges de paix actuels pour prendre leur grade de licencié, en les dispensant d'inscriptions. Ce délai pourrait être de trois ou quatre ans.

Après cette régénération seulement la question de l'extension de la compétence des juges de paix serait posée.

D'ailleurs, toujours nous attendrions d'eux de plus grands services comme auxiliaires de la justice civile et criminelle que comme juges ; ils sont déjà des auxiliaires fort

4

utiles de la justice criminelle, ils seraient encore e plus utiles auxiliaires de la justice civile, si nos idées étaient adoptées.

17. Le nombre des tribunaux doit-il être réduit?

Avant de décider cette question, il faut se demander si la juridiction des tribunaux ne doit pas être étendue.

En matière civile, selon nous, la compétence des tribunaux devrait rester ce qu'elle est ; mais le contentieux administratif devrait être déféré à la juridiction des tribunaux ordinaires. Cette réforme est vivement réclamée, elle rentre dans l'esprit de nos nouvelles institutions (1).

Sous prétexte de séparation des pouvoirs, on a constitué juges du contentieux administratif les hommes même de l'administration. L'abus est devenu si criant qu'on tend de plus en plus à séparer les conseils de préfecture de l'administration, à en faire des tribunaux indépendants. Mais jusqu'à présent toutes les mesures prises dans ce but ont été insuffisantes et inefficaces ; on voulait rendre l'indépendance de ces conseils plus apparente que réelle.

Si le conseil de préfecture formait un tribunal inamovible, entièrement indépendant et séparé de l'administration, il serait fort inoccupé ; et pourquoi dès lors, à côté des tribunaux ordinaires, ce tribunal exceptionnel, constitué comme eux ? Pourquoi ne pas supprimer ce rouage inutile, et ne pas tarir ainsi la source de toutes les questions de compétence, de tous les déclinatoires?

Nous déférerions encore aux tribunaux ordinaires la juridiction commerciale.

En fait, le plus grand nombre des tribunaux jugent les affaires commerciales, et les cours connaissent de l'appel des jugements rendus par les tribunaux consulaires. Donc les tribunaux ordinaires ne sont point inhabiles à juger les affaires de cette nature. Pourquoi dès lors une juridiction excep-

---

(1) Voir la *Liberté civile* de M. le conseiller Poitou ; cet ouvrage est consacré spécialement à ce sujet. Nous partageons complétement les idées de l'auteur sur la nécessité d'attribuer aux tribunaux ordinaires le contentieux administratif.

tionnelle dans certains lieux ? Le bien produit est restreint, le mal souvent est grand. Quand on compare la jurisprudence des tribunaux de commerce et celle des tribunaux civils sur la même matière, on trouve des contradictions, des bizarreries, et l'on observe dans celle des tribunaux consulaires une tendance très-marquée à favoriser les négociants du pays contre les négociants étrangers, ce qui ne doit pas surprendre.

Simplifions encore ici, n'ayons qu'une juridiction, éteignons par ce moyen tous les déclinatoires en matière de commerce. Nous le pouvons sans danger, après avoir assuré l'indépendance des tribunaux par les nouvelles institutions.

La compétence des tribunaux n'étant pas réduite au profit des juges de paix, et se trouvant étendue aux matières administratives et commerciales ; en outre, les offices d'avoués étant supprimés, et le travail des magistrats, à raison de cela, considérablement augmenté, serait-il utile et possible de diminuer le nombre des tribunaux ?

Nous aimerions que les réformes que nous avons indiquées fussent faites d'abord, avant de résoudre pratiquement cette question. On prononcerait alors sur des faits, et non sur des théories.

Au point de vue spéculatif, nous le déclarons hautement, nous voudrions qu'il y eût un seul tribunal par département. Il serait composé de membres plus nombreux, il aurait plus d'autorité ; le centre juridique étant plus important, le niveau de la capacité s'élèverait chez les avocats, chez les magistrats.

Les influences locales seraient plus facilement écartées ; le roulement modifierait chaque année les éléments des chambres. Enfin, la jurisprudence serait mieux assise, plus uniforme, mieux respectée.

« Réunir, dit M. Bérenger, autant que possible l'action de la justice dans des centres importants, et y créer, au lieu de ces petits tribunaux sans affaires, souvent même sans barreau, mal appointés, éloignés de tout mouvement intellectuel, presque oubliés, des corps judiciaires importants, bien rétribués, et par conséquent plus solidement établis dans la considération publique, telle devrait être la pensée dominante. — Qui ne voit déjà ce que la magistrature aurait à y gagner ? C'est dans ces tribunaux de rang inférieur où manquent à la fois les ressources de travail, de société et de bien-être, où l'oisiveté, l'ennui et le mécontentement ne tardent pas à se donner la main, que se prend le plus souvent cette ardeur d'avancement dont nous avons dépeint les tristes effets. Leur suppression couperait donc la racine même du mal. »

Ces idées sont éminemment justes ; pourtant il est un point sur lequel nous différons : s'il est utile d'éteindre l'ardeur désordonnée de l'avancement, il est essentiel, à nos yeux, et nous l'avons déjà dit, d'assurer aux magistrats un avancement modéré, de réserver des récompenses au mérite et au travail, pour entretenir le zèle et encourager au bien. La réduction du nombre des tribunaux ne s'y opposerait pas, et s'il était nécessaire, les juges pourraient être élevés à une classe supérieure suivant leurs services et leur ancienneté ; nous aimerions qu'ils pussent être élevés au rang de conseiller, quoique restant attachés à un tribunal. On récompenserait ainsi les magistrats qui, ayant fait du bien dans un pays, désireraient y rester.

En principe, nous serions donc partisan de la réduction du nombre des tribunaux.

Mais voyons les inconvénients pratiques. Les populations seront vivement froissées et mécontentes ; à cet égard, il ne faut pas se faire illusion.

L'accès de la justice sera moins facile ; et, selon nous, autant il serait bon de punir les mauvais plaideurs, autant il importe de rendre l'accès de la justice facile aux plaideurs honnêtes.

En outre, les frais des procès seront considérablement augmentés. Les clients aiment à voir leur avocat et à assister aux plaidoiries ; les avocats aiment à entretenir leur client avant de plaider. Les juges exigent quelquefois la comparution des parties, qui amène fréquemment une transaction. Les enquêtes, les descentes de lieux, à grande distance, coûteraient fort cher. Dans beaucoup de cas, les frais de voyage des parties, des témoins, experts ou juges doubleraient et au-delà ceux du procès.

Voilà un inconvénient bien sérieux au moment où l'on veut abaisser les frais de justice.

Nous en avons signalé un autre : peut-être voudrait-on augmenter la compétence des juges de paix, ce qui est impossible avec le personnel actuel, ce qui sera toujours dangereux.

Le parti le plus sage est peut-être de retarder cette réforme jusqu'au moment où le personnel des juges de paix sera plus capable, où toutes les autres réformes auront été réalisées, et où leurs effets seront connus, pourront mieux être appréciés.

Indiquons pourtant dès à présent comment il serait possible d'obvier aux inconvénients que nous venons d'énumérer.

Le tribunal du département pourrait déléguer un juge et un substitut aux siéges actuels des tribunaux d'arrondissement, pour faire dans l'arrondissement l'instruction des affaires civiles et criminelles et juger certaines affaires peu importantes.

Pour parer au danger du juge unique, on aurait le droit de se pourvoir en révision devant le tribunal par requête motivée. Sur le vu de cette requête et du jugement, le tribunal rejetterait la demande en révision ou admettrait les parties à plaider contradictoirement devant lui.

Le juge délégué serait remplacé tous les deux mois.

Si l'on augmentait la compétence des juges de paix, ce que nous regretterions, il serait essentiel d'autoriser l'appel, en adoptant pour cet appel les formes que nous venons d'indiquer pour la révision des sentences du juge délégué.

18. La réduction du nombre des Cours ne présente aucune des difficultés que nous avons signalées pour celle des tribunaux. Au point de vue purement judiciaire, c'est une question de statistique et de géographie ; — au point de

vue politique, la question est tout autre, mais nous n'avons pas à l'aborder.

Les Cours les plus exposées à une suppression nous paraissent être celles d'Amiens (plus rapprochée de Rouen que Douai, qui, en outre, a une faculté de droit), d'Angers, Limoges, Agen, Pau, Chambéry, Montpellier ou Nîmes. Mais les unes et les autres peuvent invoquer bien des motifs en faveur de leur maintien.

Pour nous, nous ne dirons qu'un mot : Un gouvernement qui se fonde doit faire les réformes qui le font aimer, non celles qui blessent et qui engendrent la désaffection.

Depuis notre première édition nous avons reçu un excellent travail anonyme, intitulé *Notes et tableau statistique relatif à une nouvelle organisation judiciaire.* Les Cours y sont réduites à quinze, un seul tribunal est conservé par département. Les Cours sont divisées en trois classes, les tribunaux en quatre. On y propose, comme nous, de déléguer un juge et substitut au chef-lieu d'arrondissement, au moins transitoirement.

L'organisation administrative nouvelle n'étant pas arrêtée, il nous paraît prématuré de traiter cette question de réduction des Cours; si le système provincial devait prévaloir, il faudrait instituer une Cour dans chaque province; les considérations administratives et politiques auraient plus de poids pour déterminer les limites des provinces, que les considérations purement judiciaires.

DEUXIÈME PARTIE.

RÉFORME

DE LA

PROCÉDURE

(ÉCRIT EN JUIN 1870).

SOMMAIRE.

1. Quel est l'esprit général du projet de Code de procédure, élaboré au Conseil d'Etat? Réalise-t-il les réformes réclamées par l'opinion publique?

La réforme la plus importante de ce projet serait l'extension de la compétence des juges de paix et des tribunaux civils. Ennemi déclaré du juge unique et amovible, nous avons déjà, en 1867, dans la *Revue pratique*, t. xxv, p. 274, combattu cette idée, beaucoup moins populaire qu'on ne pense, d'étendre la juridiction de nos juges de paix, excellents auxiliaires de la justice, mais dont la capacité, à raison des difficultés de leur recrutement, laisse à désirer comme juges, surtout en dernier ressort.

Nous nous sommes abrité derrière l'autorité plus grave de M. l'avocat général Diffre, parlant en audience solennelle devant la Cour de Chambéry.

Nous avons dit que cette extension de la compétence des juges de paix n'avait qu'un seul motif sérieux, l'abaissement des frais, et qu'il était facile, en maintenant la compétence des tribunaux pour les petites affaires, de diminuer les frais, et de réaliser ainsi les progrès que l'on désire.

Nous sommes tout aussi opposé à l'élévation du taux du dernier ressort, soit devant les juges de paix, soit devant les tribunaux civils. La règle des deux degrés de juridiction est la plus solide garantie d'une bonne justice, de l'impartialité des juges, le plus sûr rempart contre l'arbitraire.

A notre avis, la réforme n'aurait donc pas dû porter sur les règles essentielles de la compétence. Mais, sur la compétence, comme sur la procédure, il y avait à faire une révision des règles de détail, il y avait à résoudre législativement des questions controversées, il y avait enfin à simplifier les formalités, à supprimer bien des cas de nullité.

A ce point de vue, le projet qui nous est annoncé contiendrait des améliorations réelles, mais elles sont insuffisantes.

Pourquoi ?

Qui n'a entendu les clameurs poussées par les avoués à la lecture du rapport de M. Riché sur le projet des ventes judiciaires !

En réduisant les formalités, en les supprimant, on sape les offices, on avilit leur valeur, et, comme on ne les supprime pas entièrement, s'emparant de la rigueur du droit, on a dit que les titulaires ne peuvent prétendre à une indemnité !...

Si cela est vrai en droit rigoureux, strict, rien n'est plus inique. *Summum jus, summa injuria !*

Si l'on supprimait les offices, on devrait une indemnité aux titulaires. Alors on ne les supprime pas, on les déprécie, et l'on évite l'indemnité !...

Est-il besoin de qualifier une telle mesure ?...

L'équité a protesté contre le droit ; l'équité, qui seule doit guider le législateur.

Sa voix s'est fait entendre, et, par esprit de transaction, les rédacteurs du projet se sont arrêtés à des demi-réformes.

Que demande l'opinion publique ?

Ce ne sont pas des réformes sur la compétence, sur les détails des règles du Code. Elle demande directement une seule chose, l'abaissement des frais de justice, sans s'inquiéter beaucoup comment on parviendra à le réaliser.

A côté du Code que l'on prépare, il y aura un tarif. Que sera-t-il ?

Il est impossible qu'en le rédigeant on ne se préoccupe pas de la situation des offices ministériels.

Par esprit de transaction, dit-on, on réduira les honoraires pour les petites affaires, on les augmentera pour les grandes. Dans les arrondissements importants, dans les villes populeuses, la valeur des offices s'élèvera; elle sera considérablement réduite dans les petites villes.

Ne tiendra-t-on pas compte alors des doléances des avoués, de la considération que depuis 1807 tout a augmenté de prix? Enfin, la réforme opérée dans la pratique, les avoués ne chercheront-ils pas les moyens de recouvrer ce dont ils se croiront injustement dépouillés? Ne les trouveront-ils pas? Ne compatira-t-on pas à leur situation?

Et, tout cela étant (*et le reste!*), les frais de justice seront-ils *réellement* abaissés?... La réforme désirée sera-t-elle réalisée par ces transactions, ces demi-mesures?...

Non, nous ne le croyons pas.

Les avoués, en majorité, seront mécontents, et la réforme aura avorté.

Aussi notre conviction entière, absolue, est qu'il faut supprimer les offices d'avoués, bien entendu avec indemnité.

Leur suppression est leur salut et le salut de la réforme de la procédure.

Nous voulons démontrer qu'elle est possible au point de vue de la procédure, qu'elle est souhaitable dans l'intérêt des justiciables, dans l'intérêt de la magistrature, pour la bonne administration de la justice. Nous voulons aussi démontrer qu'elle est réalisable financièrement, et plus aisément qu'on ne le croit.

2. Devant les tribunaux de commerce, il n'y a pas d'avoués; avec le secours des avocats, ou des agréés, et du greffier, la procédure marche très-régulièrement.

Devant les conseils de préfecture, il en est de même, et le projet de loi qui avait été soumis au Sénat ne recourt pas à une institution analogue à celle des avoués. Ce projet, sur bien des points, est un modèle à suivre (1).

Devant la Cour de cassation et le Conseil d'Etat, ce sont des avocats qui plaident et qui dirigent la procédure, et personne ne conteste que, devant les Cours d'appel, le même système ne puisse être adopté.

Devant les juridictions criminelles, il n'y a pas d'avoués ; et, là, c'est le juge qui fait l'instruction, avec l'aide de son greffier et des huissiers, comme agents de la procédure.

Pourquoi le juge civil ne ferait-il pas l'instruction des affaires qui lui sont soumises ?

Une loi nouvelle a voulu que les créanciers, avant d'engager la lutte des formalités judiciaires, comparussent devant un juge pour régler amiablement la distribution du prix des immeubles qui leur sont hypothéqués. La procédure de l'ordre amiable a été créée aussi simple que possible. Le président nomme le juge-commissaire, s'il n'y a pas un juge spécial ; le juge rend une ordonnance pour convoquer les créanciers ; le greffier exécute l'ordonnance en appelant les créanciers par lettres chargées ; les créanciers comparaissent, le juge prononce des renvois qui n'ont pas besoin d'être notifiés ; il demande les pièces qui lui sont nécessaires ; il instruit l'affaire ; quand il la connaît bien, il soumet un projet d'ordre que les créanciers acceptent ou refusent. S'ils l'acceptent, le greffier délivre les bordereaux, et tout est fini. S'ils refusent, on est malheureusement encore aujourd'hui obligé de se livrer à un luxe de formalités inutiles ; mais, dans plusieurs tribunaux, le juge, avec le consentement des parties, renvoie la question à l'audience où elle est immédiatement jugée.

Avec un seul article de loi (trop concis, il est vrai), éclairé, amélioré par la pratique, la procédure la plus compliquée, la plus longue, s'est réduite à sa plus simple expression.

_____

(1) Toujours nous avons demandé et nous demandons que la juridiction administrative soit déférée aux tribunaux ordinaires.

C'est le juge qui dirige l'instruction, c'est le greffier qui lui sert de secrétaire et d'intermédiaire, enfin ce sont les avocats ou les avoués qui conseillent les parties. Nous disons les *avocats ou les avoués*, les avoués ne font point là fonction d'avoués, ils sont conseils des créanciers comme les avocats.

Nous n'entendons pas priver les parties de conseils ; mais si honorables que soient les avoués, ils seront les premiers à reconnaître que les avocats ne leur cèdent en rien, et, dans la plupart des affaires, non-seulement les parties, mais encore les avoués, s'entourent des lumières d'un avocat.

Ce qui est possible devant les tribunaux de commerce, devant les tribunaux administratifs, devant la Cour suprême ; ce qui est pratiqué pour les affaires criminelles ; ce qui a été appliqué aux ordres avec un succès inouï, pourquoi ne pas l'appliquer aux affaires civiles devant les tribunaux de première instance ?

Nous nous sommes posé la question, nous y avons longtemps réfléchi, nous avons examiné si la mise en pratique de nos idées était possible pour tous les cas prévus par notre Code de procédure ; après ce travail d'analyse, qui nous a convaincu personnellement, nous soumettons notre système au public pour appeler sur lui la contradiction.

Les principes essentiels qui ont inspiré le rédacteur de notre Code de procédure doivent, selon nous, être presque toujours respectés ; c'est leur mise en pratique, c'est la forme qui doit être modifiée.

A l'origine des sociétés, les formes de la procédure on été simples, elles se sont ensuite, par réaction, compliquées à l'excès ; depuis la Révolution, nous travaillons à les simplifier de nouveau. Mais, en simplifiant, il faut toujours que le droit soit protégé, que les abus soient prévenus. Il ne suffit pas de détruire, il faut améliorer.

C'est la pensée qui nous guide. Voyons l'application que nous voulons en faire.

3. En supprimant les avoués, nous croyons inutile de leur substituer une nouvelle classe de fonctionnaires. Dans

l'intérêt du trésor, et dans l'intérêt bien plus grave d'une meilleure administration de la justice, nous augmenterions le travail des magistrats, des greffiers. Les agents de la procédure seraient, d'abord, un juge-commissaire ou rapporteur qui serait nommé dans toutes les causes pour concilier les parties, diriger la procédure, instruire l'affaire, porter à l'audience les difficultés qui seraient résolues immédiatement sur son rapport ; — ensuite, le greffier, secrétaire et intermédiaire du juge, comme pour les ordres amiables, chargé de faire ou de recevoir certains actes au nom des parties ; — les huissiers, avec leur rôle actuel ; — les juges de paix, dont le rôle principal serait d'être auxiliaires de la justice civile comme de la justice criminelle ; — les notaires, dans certains cas ; — les maires aussi, pour fournir quelques renseignements.

A côté, en présence de ces divers fonctionnaires, les avocats, conseils des parties, les défendant devant le tribunal, devant le juge-commissaire, éclairant ses investigations.

Tels seraient les agents de la procédure, dans notre plan de réforme.

Dans le système de notre Code de procédure, à l'inverse de celui adopté pour l'instruction criminelle, ce sont les parties qui instruisent exclusivement l'affaire, chacune à son point de vue. Le juge est simple témoin de la lutte, et il doit démêler la vérité au milieu des assertions et souvent des preuves contradictoires.

La lutte judiciaire devient une habile stratégie, qui exige des tacticiens de la procédure et des tacticiens de la parole. L'instruction n'est pas dirigée dans le seul but de découvrir la vérité, mais dans l'intérêt personnel seul de celui qui la fait. Au lieu de rechercher la vérité, on s'ingénie à la dissimuler ou à la travestir. Chaque partie a son défenseur ; pendant l'instruction, la vérité n'en a pas ; elle n'a que des ennemis, personne n'est là pour la protéger, pour la révéler.

Aussi, qu'arrive-t-il ?

Une partie désire-t-elle retarder la solution du procès ? Avec un peu d'adresse, elle exploite tous les faux prétextes de renvoi auprès d'un président et d'un tribunal qui ne connaissent pas l'affaire.

Une enquête est-elle ordonnée ? Chaque partie se met en campagne, recherche ses témoins, les voit, les interroge, leur inspire ou leur dicte leurs réponses, et il n'est pas surprenant qu'avec un tel système, dans la plupart des enquêtes, on rencontre les contradictions les plus déplorables de la part de témoins qui, tous, ont prêté serment.

Au lieu d'éclairer, l'instruction obscurcit.

Pour les expertises, il y a un péril analogue. Nonseulement elles sont interminables, comme les enquêtes, mais chaque partie entoure son expert, en fait un avocat. Avec la direction de la procédure laissée aux parties ou à leurs avoués, l'expert ne conserve pas assez sa qualité de mandataire direct de la justice. En un mot, sans multiplier les exemples, aux mains des parties les moyens d'instruction se corrompent, et les procédures traînent en longueur.

Notre instruction criminelle a le défaut opposé. Le juge fait seul l'instruction, les parties en sont exclues, elles ne peuvent la contrôler et se défendre que lorsqu'elle est terminée.

Ce vice de l'instruction criminelle a soulevé les plus vives critiques, et nous croyons que bientôt une réforme salutaire sera opérée.

Le meilleur système est celui qui retiendra le bien et rejettera les vices des deux systèmes opposés de notre procédure civile et de notre procédure criminelle ; qui confiera au juge, étranger aux passions et à l'intérêt des parties, l'homme de la vérité, la direction de la procédure, mais qui donnera aux parties et à leurs défenseurs le droit de suivre, de contrôler, d'aider et d'éclairer l'instruction.

Avec un juge, pour instruire, dans l'intérêt unique de la vérité, les parties et leurs conseils pour défendre leurs droits librement et contradictoirement, l'instruction ne suivra plus des voies longues et tortueuses, où les juges cherchent péniblement, retrouvent difficilement la vérité égarée, elle ira rapidement et directement au but.

Ce principe nouveau donnera à la procédure une nou
velle vie : nous sortirons de l'ornière.

4. Avant d'arriver à l'application, qui révélera tous
les avantages de notre plan, en voici déjà quelques-uns de
fort importants.

Aujourd'hui les juges ne sont pas assez occupés ; les
loisirs engendrent l'indolence, l'apathie ; au moral comme au
physique, moins l'on agit, moins l'on est apte. Un magistrat
fort capable, en entrant dans la magistrature, perd sa capacité s'il ne travaille pas, et l'homme, pour ne pas rester oi-
sif, a besoin d'être un peu forcé à travailler. Plus occupé, le
magistrat sera plus capable ; les saillies de l'esprit français
ne l'atteindront plus.

Autre bien : on sera plus sévère, pour les nominations, sur les preuves de capacité.

Enfin, les services des magistrats pourront être appréciés à leur juste valeur, et les récompenses de l'avancement seront mieux distribuées. Le mérite et le travail seront signalés par l'opinion publique elle-même et révélés par
les actes du juge, par ses rapports oraux et écrits.

5. Le justiciable aura un meilleur juge, qui aura étu-
dié directement la cause et qui éclairera ses collègues.

Il conquerra un droit précieux dans notre siècle de liberté.

Aujourd'hui, il ne peut paraître en justice que repré-
senté par un avoué. Il aura le droit d'y comparaître seul, de
s'y défendre seul, s'il le désire, et d'éviter ainsi les frais
d'une défense.

N'est-ce pas un droit naturel et primordial que celui
de se défendre soi-même?

N'est-il pas contraire à tous nos principes politiques,
qu'en vous refusant le droit de vous défendre seul, la loi vous
impose un défenseur à choisir dans un nombre très-restreint
d'avoués?

Il n'y a aucun inconvénient sérieux à accorder, non
cette faveur, mais ce DROIT. En signale-t-on au criminel,
devant les tribunaux administratifs ou de commerce? En

remarque-t-on devant les tribunaux civils, quand la parole est accordée aux parties ?

Il arrive même que, si une partie désire se défendre seule, elle ordonne à son avoué de ne rien faire, et son ministère se borne à demander au tribunal de permettre à son client de prendre la parole.

Sans doute le droit est ainsi reconquis! Mais il a fallu prendre et payer un avoué *pour la forme*, et demander et obtenir ce qui devrait être un droit incontestable.

Les écarts de la parole pourront toujours être réprimés, et, en fait, la plupart des justiciables seront défendus par les avocats, comme aujourd'hui; mais l'avocat ne sera pas imposé.

6. Nous voulons, en effet, conserver les avocats comme conseils des parties.

Nous regardons comme un droit naturel celui de se défendre soi-même; mais nous ne voulons pas que le *premier venu* puisse prendre la parole devant les tribunaux au nom des justiciables. Certaines conditions de capacité et d'honorabilité sont nécessaires.

Le barreau les offre au plus haut degré. Une sévère discipline y est maintenue, et, à son honneur, les plus nobles traditions s'y perpétuent. Nous supprimons les avoués, mais nous conservons les avocats, avec le privilége de défendre les justiciables devant les tribunaux, ce qu'on eut tort de ne pas faire, quand, sous la Révolution, les procureurs furent supprimés; et c'est là ce qui fit échouer la réforme.

Le même privilége serait accordé à tous les avoués dépossédés, licenciés ou non.

7. Sans offenser les avoués, sans dénier leurs services, n'est-il pas évident que les intérêts des justiciables ne péricliteront pas aux mains des avocats?

Ils seront même mieux défendus.

La vénalité des charges est une plaie véritable, dont souffrent les avoués et leurs clients.

Ne sondons pas cette plaie. Plaçons-nous sous un autre point de vue.

Plus on multiplie les rouages, plus aussi on complique, on ralentit la marche, plus on augmente la dépense. Sous tous ces rapports le justiciable gagnera à n'avoir qu'un avocat, et à n'être pas obligé de prendre en outre un avoué.

L'avocat qui, dès le début, sera chargé de l'affaire, qui la suivra pas à pas, la dirigera mieux, la connaîtra mieux. On ne renverra plus le client de l'avoué à l'avocat, de l'avocat à l'avoué. L'avoué, dans l'instruction de l'affaire, se préoccupe plus de réserver à l'avocat tous ses moyens, que d'instruire réellement la cause, et c'est l'avocat qui fait à son confrère les communications sérieuses, celles qui forment la base de la défense.

Les rapports des magistrats avec les défenseurs des justiciables seront plus faciles quand ils n'auront à s'adresser qu'aux avocats. Plus de renvois sous de faux prétextes. L'affaire sera plaidée au jour fixé, accepté par l'avocat.

Si nous descendions dans les détails, ce que nous ne pouvons faire ici, combien notre appréciation générale serait-elle démontrée évidente?

8. Il ne sera plus nécessaire d'augmenter la compétence des juges de paix, car les frais de justice seront librement abaissés par le législateur pour les petites causes, et l'on n'exposera pas à l'arbitraire d'un juge unique, et amovible, les affaires confiées aujourd'hui à un tribunal qui offre de bien autres garanties d'impartialité et de capacité. Quand tout le monde réclame que ces garanties soient accrues, on ne les diminuera pas. On n'invoquera pas le prétexte de rapprocher le juge du justiciable, quand les distances ne sont plus rien (voir notre article, *Revue pratique*, t. xxv, p. 274).

Mais les juges de paix deviendront les auxiliaires très-actifs de la justice criminelle et civile, à tous les degrés. Leur rôle, contenu dans ces limites, sera important, surtout infiniment utile. C'est ainsi qu'ils donneront des renseignements précieux aux juges commissaires, en les puisant sur les lieux, à leur source, en dehors des passions des parties.

9. Plus de travail sera imposé aux greffiers; on sera

plus libre pour les rémunérer qu'avec les avoués, car la valeur de leurs offices sera augmentée, tandis que celle des offices d'avoués serait diminuée. Les greffiers pourront être désormais choisis parmi les anciens avoués, dans les rangs desquels on trouverait aussi d'excellents juges de paix, et de bons juges pour les tribunaux.

10. Les agents de la procédure étant connus, comment fonctionneront-ils ?

Pour faire ressortir les avantages de notre plan, il suffira de l'exposer.

Prenons pour type une instance ordinaire.

Le code de procédure, que le projet du conseil d'Etat ne modifie guère, exige le préliminaire de la conciliation devant le juge de paix; après cette première instance, qui souvent avorte, une seconde ; après ce préliminaire, l'assignation, suivie des constitutions d'avoués, de la signification des moyens, des actes d'avoué à avoué, de la mise au rôle. L'instruction soi-disant faite chez l'avoué, le dossier est remis à l'avocat, qui fait une nouvelle et plus sérieuse instruction, échange des communications avec ses confrères. Enfin, quand la cause est prête, elle est fixée, et après avoir souvent subi des renvois, elle est plaidée.

Que de stations avant d'arriver au jugement, — devant le juge de paix, — chez l'avoué, — chez l'avocat, — au tribunal après une mise au rôle qui est retardée, tantôt par l'avoué ou par l'avocat, pour être plus libres, tantôt par le président menacé de la statistique.

Voici ce que nous proposons, et notre système est si simple qu'il s'adaptera à toutes les procédures sans exception.

11. Le demandeur prendra au greffe un permis de citer à un jour déterminé par le président ou par le juge qu'il délègue; et il fera assigner dans les formes ordinaires le défendeur à comparaître devant le juge-commissaire.

Au jour fixé, le juge cherche à concilier les parties, comme pour les ordres amiables.

Dans la pratique, le préliminaire de conciliation est

la plupart du temps évité par les requêtes à bref délai, ou par une non-comparution. La conciliation est moins facile à obtenir par un juge, inférieur à celui qui doit connaître de la cause.

Au contraire la statistique prouve quels magnifiques résultats obtiennent, — le juge de paix sur les billets d'avertissement dans les causes de sa compétence, — le juge-commissaire aux ordres, appelé à concilier amiablement les créanciers avant la lutte judiciaire.

Nous sommes convaincu que la réforme proposée par nous produirait les mêmes et de plus grands résultats. La plupart des procès seraient arrêtés au seuil du tribunal. Le juge serait plus capable que le juge de paix ; il étudierait complétement une affaire, dont il devra connaître, s'il n'y a pas conciliation, car son étude lui servira toujours. Son ascendant sera plus grand sur les parties, et enfin il pourra être éclairé par une discussion contradictoire des avocats qui auraient le droit d'assister ou de représenter les parties devant lui.

S'il n'y a pas conciliation, le juge, éclairé par ces débats préliminaires, instruira l'affaire. Il fixera au défendeur un délai pour produire ses pièces, remettre ses conclusions : — au demandeur, un délai pour répondre sommairement. Il prendra auprès des juges de paix, au besoin des maires, les renseignements qu'il croira utiles ; l'affaire prête, il la fera fixer ; la partie sera, par lettre chargée, avertie de l'audience ou chez son avocat ou au domicile élu par lui dans le lieu de la résidence du tribunal.

La procédure sera aussi simple que celle qui était proposée au sénat pour les conseils de préfecture.

La cause se présentera à l'audience, parfaitement connue du juge-rapporteur, dégagée de tous les accessoires ; le rapport et les plaidoiries porteront sur les seuls points vraiment litigieux.

Le tribunal sera mieux éclairé, il perdra moins de temps ; la marche de l'affaire aura été plus rapide ; le tribunal, qui l'aura reçue à sa naissance, en sera dès lors responsable, et non du jour d'une mise au rôle facultative, que la statistique a tort de prendre pour base, car il est très-facile de la fausser.

Quand la communication au ministère public sera nécessaire, elle sera faite sans frais par le juge commissaire. Toutes les règles relatives aux jugements seront conservées. Mais les qualités seront rédigées par le tribunal, ce qui vaudra mieux, et les jugements ne seront signifiés qu'à la partie, ce qui dispensera d'une double signification.

Simplification et, en même temps, amélioration, tels sont les avantages de notre système, qui va se plier aux exigences des procédures les plus diverses. Or, la simplification de la procédure, qui, avec l'abaissement des frais, est le but principal de la réforme, ne sera obtenue qu'en adoptant une forme applicable à toutes les affaires, à toutes les procédures.

Les lois de la nature sont simples et générales ; c'est le *criterium* que les lois de l'homme doivent aspirer à réaliser.

12. La procédure des défauts serait aussi simplifiée que devant les conseils de préfecture.

Il n'y aurait plus de défaut, faute de constituer avoué.

La demande serait non avenue en cas de défaut du demandeur.

Le défaut résulterait de la non-comparution devant le juge-commissaire, qui pourrait lui-même prononcer le défaut, ou le faire prononcer par le tribunal sur son rapport sommaire.

Le juge commissaire pourrait prendre des mesures pour empêcher les défauts, comme il en prend pour éviter l'absence des créanciers convoqués dans les ordres. A l'aide des juges de paix et des maires, on peut prévenir toute absence ; j'invoque une expérience de dix ans.

En cas d'opposition, la demande serait instruite comme dans une instance ordinaire.

Cet aperçu suffit pour prouver que le ministère des avoués est complétement inutile dans cette procédure des défauts ; au contraire, il rend nécessaires des règles compliquées dont on peut très-bien se passer.

13. La procédure étant plus simple, les exceptions seront moins nombreuses. Les unes devraient être présentées devant le juge-commissaire, les autres pourraient l'être même devant le tribunal. Il en serait donné acte dans un procès-verbal, ou elles seraient formulées par acte au greffe.

14. Arrivons aux moyens d'instruction.

En général, sauf quand le tribunal préférerait y procéder lui-même, le juge-commissaire y présiderait. Le juge de paix pourrait être aussi délégué pour éviter des frais ; il ferait un rapport écrit. Ces réformes résultent du projet du Conseil d'Etat.

Pour permettre aux juges de bien connaître la cause avant de la juger, il serait bon de défendre l'appel des jugements interlocutoires, au moins quand le moyen d'instruction serait ordonné sous toutes réserves ; on devrait, dans tous les cas, bien définir l'interlocutoire, et en donner une définition restrictive.

L'instruction devrait être accélérée ; les lenteurs laissent périr les preuves ou permettent d'en corrompre la source.

C'est le juge, et non les parties, qui dirigerait l'instruction, fixerait de lui-même le jour des opérations. On éviterait ainsi les plus grands abus ; la justice ne serait plus à la discrétion des parties, de leurs avoués et de leurs avocats.

En cas de retard du juge, les parties auraient le droit de le provoquer à agir.

Les jugements préparatoires et interlocutoires ne seraient pas signifiés, quand ils seraient contradictoires.

15. Autant que possible, le tribunal ou le juge-commissaire, ou le juge de paix délégué, assisterait aux opérations des experts, qui seraient invités à y procéder, par simples lettres du greffier du tribunal ou du greffier du juge de paix délégué.

16. La procédure du faux incident serait simplifiée, les pièces seraient communiquées au greffe. C'est le juge-commissaire qui interpellerait la partie de déclarer si elle veut se servir de la pièce arguée de faux. Il n'y aura qu'à

lire la procédure proposée par le conseil d'Etat pour le faux
incident et la vérification d'écriture, et l'on verra que le
ministère des avoués peut être évité.

17. Les enquêtes se feraient ou à l'audience, ou devant le juge-commissaire, ou devant le juge de paix délégué.
Les témoins, désignés par les parties ou d'office par le tribunal et le juge commissaire, seraient cités directement par
les huissiers sur l'ordre des magistrats et non à la requête des
parties intéressées. Le témoin serait l'homme de la justice et
non l'homme des parties.

18. Pour les descentes de lieux, le jour serait fixé
d'office par le tribunal ou le juge-commissaire. Les parties
seraient averties par lettres chargées.

19. La comparution des parties et leur interrogatoire
pourraient avoir lieu devant le tribunal ou devant le juge.

En principe général, répétons-le, pour tous les
moyens d'instruction, le même procédé serait employé.

Et l'on voit, par ce simple coup d'œil, que le ministère
des avoués serait absolument inutile.

20. Le décès, le changement d'état seraient notifiés au
greffe.

Les demandes en renvoi, en règlement de juges, en
péremption, etc., seraient introduites comme les instances
ordinaires. Il en serait de même du désistement si, donné par
acte au greffe, puis notifié, il n'était pas accepté.

21. En appel, après un jugement et l'instruction qui
l'a préparé, le ministère des avoués est reconnu inutile.

N'y soumettrait-on pas toutes les affaires au rapport
d'un conseiller, on pourrait encore se dispenser des avoués.

Nous formerons un vœu que l'état de la jurisprudence engagera à satisfaire. La règle des deux degrés de juridiction ne devrait pas être considérée comme d'ordre public ; la jurisprudence offre, sur les diverses questions que
ce principe fait naître, une bigarrure qu'il est essentiel de

faire cesser. Tantôt elle favorise, tantôt elle repousse l'exception ; elle flotte incertaine. Les plus grands esprits se sont divisés.

Selon nous, il faudrait plutôt étendre que restreindre le principe des deux degrés de juridiction, ce frein salutaire des juridictions inférieures, mais laisser les parties libres d'y renoncer, libres de supprimer ou le premier ou le second degré : le second, en renonçant, d'un commun accord, à l'appel ; le premier, en déférant directement leur procès à la juridiction supérieure, en y plaidant des demandes nouvelles, en permettant d'y évoquer le fond, pourvu, bien entendu, que ce fût d'un commun accord.

Les parties peuvent confier à des arbitres le jugement souverain de leurs différends, pourquoi ne pourraient-elles le déférer à une cour, à un tribunal ? Pourquoi ne pas leur permettre de simplifier ainsi la procédure et de renoncer librement à une garantie que la loi doit offrir, mais non imposer ?

De même, la nullité de l'appel prématuré ou tardif ne devrait jamais être prononcée d'office ; l'intérêt privé de la partie est seul en jeu ; c'est à elle à invoquer la nullité ; si elle ne le veut, sa volonté expresse ou tacite doit être respectée.

Principes protecteurs de tous les droits, mais liberté entière aux parties d'y renoncer, puisque l'ordre public n'est pas réellement et directement intéressé : tel serait notre programme.

22. La tierce-opposition et la requête civile seraient assimilées à des instances ordinaires ; elles seraient formées comme toute demande incidente ; la tierce-opposition serait formée par acte au greffe.

Il en serait de même pour toutes les demandes incidentes, pour les interventions, etc.

23. Arrivons aux voies d'exécution. Ici encore nous verrons que le ministère de l'avoué n'est pas indispensable, et que la nomination d'un juge-commissaire permettra de simplifier la procédure et d'écarter de l'audience tout ce qui

n'est pas vraiment litigieux, tout ce qui est simple formalité et ce qui a pu devenir l'objet d'un accord entre les parties par la médiation du juge.

24. Le Code s'occupe d'abord des réceptions de caution, de la liquidation des dommages-intérêts et des fruits, des redditions de compte. Dans toutes ces procédures, il n'y a pour ainsi dire rien à changer. Il faut un juge-commissaire, et c'est au greffe que sont déposés les titres, les états et les comptes.

25. Passons aux saisies.

Ce sont les huissiers qui sont chargés de la saisie et de la vente des objets mobiliers. Il n'y aurait rien à modifier sur ce point.

La saisie-arrêt devient immédiatement une instance en validité et en déclaration de deniers. Notre type y serait aisément appliqué. Un juge-commissaire entendrait les parties, les concilierait presque toujours ou ferait, dans le cas contraire, son rapport au tribunal.

26. Le projet de loi sur les ventes judiciaires, soumis au Corps législatif, révèle tous les embarras du législateur, pour opérer la plus mince réforme, la plus infime économie. A chaque pas, il se heurte à des obstacles, et la procédure ancienne est à peu près absolument suivie par le projet. On a voulu donner aux tribunaux la *faculté* de renvoyer les ventes devant notaires, et cette réforme, bien anodine, a soulevé des tempêtes.

Faut-il s'en étonner ? Les avoués défendent leur patrimoine, celui de leurs enfants, et il est impossible de ne pas reconnaître l'équité de leur cause.

On doit le reconnaître hardiment, et comme, d'une part, la nécessité d'une réforme est impérieuse ; comme, d'autre part, la réforme est impossible sans blesser injustement les intérêts des avoués, il n'y a pas à hésiter, il faut supprimer leurs offices, le seul obstacle à une réforme durable.

Si on les supprimait, voici comment la procédure des ventes judiciaires pourrait être simplifiée, en y appliquant notre type, notre forme générale.

Le commandement n'est pas obligatoire pour le crédit foncier ; on pourrait étendre cette règle. Nous préférerions pourtant conserver cet acte pour réveiller la négligence des débiteurs avant de sévir contre eux.

Mais aussitôt le délai expiré, le débiteur devrait comparaître devant un juge commis qui, faute de conciliation entre les parties, prononcerait la saisie, en indiquant les immeubles qu'elle frappe et règlerait les conditions de la vente.

Les créanciers seraient avertis par lettres chargées comme pour les ordres ; ceux qui ne répondraient pas seraient seuls sommés.

Le juge se renseignerait, en cas de besoin, auprès des juges de paix, des huissiers, des notaires, des maires.

Il y aurait au greffe un cahier des charges applicable à toutes les espèces, comme il en existe aujourd'hui en pratique ; il n'y aurait à ajouter que les conditions particulières.

En cas de difficultés provenant ou du saisi ou des débiteurs, il en serait référé à l'audience, où, sur rapport, elles seraient tranchées.

L'ordonnance du juge, prononçant la saisie, serait transcrite par les soins du greffier.

Les créanciers seraient de nouveau avertis par lettres du jour de l'adjudication.

Le mode de publicité serait réglé par le juge ; en cas de difficultés, par le tribunal, sur son rapport.

Enfin, l'adjudication serait tranchée devant le juge-commissaire.

En un mot, on éloignerait de l'audience tout ce qui est formalité.

En confiant les ventes aux soins du juge-commissaire, on éviterait beaucoup de frais, et en cas d'incidents, le tribunal serait saisi immédiatement, et sans frais.

Si les ventes étaient conférées aux notaires, il faudrait leur allouer des honoraires, et les renvois des incidents au tribunal seraient coûteux et entraîneraient des longueurs.

Les codes sarde et italien font prononcer la saisie par le tribunal ; en appliquant notre système général, nous nous rencontrons avec eux.

27. La procédure des incidents de saisie serait également fort simple.

Le plus important des incidents est la distraction. Elle serait formée par acte au greffe, avec pièces à l'appui, le juge-commissaire la ferait notifier ou par huissier ou par lettre chargée. Après comparution devant lui et après instruction, s'il n'y avait pas accord, le tribunal, sur son rapport, statuerait.

La subrogation aux poursuites, ainsi formée, donnerait lieu la plupart du temps à un accord entre les parties. Il en serait de même des sursis, des conversions, des baisses de mise à prix.

Les demandes en nullité, d'autant plus rares que la procédure serait plus simple, seraient jugées de même.

La surenchère donnerait lieu à un simple acte au greffe, à la suite duquel le juge ordonnerait la mise en vente, les publications utiles, et fixerait le jour de l'adjudication, absolument comme le notaire dans l'art. 46 du projet de loi. Après notification au saisi, au poursuivant et à l'adjudicataire, si une contestation s'élevait, le juge tâcherait de l'aplanir, sinon le tribunal la trancherait, sur son rapport.

La folle-enchère serait prononcée par le juge, appelé à vérifier si les conditions de l'adjudication n'ont pas été remplies.

28. En nous résumant, dans notre procédure les actes d'avoués seraient remplacés par des actes au greffe ; les notifications seraient évitées quand elles ne seraient pas essentielles ; elles se feraient par lettres chargées autant que possible, et par huissier en cas de nécessité. Le juge commissaire remplirait le rôle du juge commissaire dans les faillites ; il aurait même un rôle plus actif ; il rendrait les ordonnances de pure formalité, et le tribunal, sur son rapport, résoudrait les questions réellement litigieuses.

Les parties enchériraient elles-mêmes comme devant les notaires ; aucun inconvénient n'a été signalé.

Toutes les ventes judiciaires suivraient la même procédure avec les modifications et les simplifications que leur nature comporte.

29. Quand les biens du débiteur ont été vendus, le prix doit en être distribué aux créanciers. Pour arriver à ce but, nous trouvons dans notre code deux procédures : la distribution par contribution, l'ordre.

Ces deux procédures devraient être entièrement assimilées.

Pour l'ordre, la procédure que nous proposons pour toutes les causes soumises aux tribunaux, est légalement ou *pratiquement* appliquée.

Les créanciers comparaissent devant un juge-commissaire qui très souvent les concilie. S'il ne les concilie pas sur quelques questions, légalement on doit procéder à toutes les formalités fort coûteuses, souvent inutiles, de l'ordre judiciaire. La loi devrait autoriser le juge-commissaire à porter directement à l'audience les questions litigieuses, après la solution desquelles l'ordre serait réglé sans autres formalités. Elle ne devrait pas obliger de sommer tous les créanciers qui ont déjà comparu.

La pratique recourt à des détours pour tourner la loi et éviter des frais.

Il faut compléter la loi en s'inspirant de la pratique qui n'aurait pu réaliser les résultats obtenus en suivant servilement la loi.

Nous avons traité cette question, *Revue pratique*, t. xvi, p. 206.

A cette époque, nous nous placions au point de vue de notre Code, qui rend obligatoire le ministère de l'avoué pour l'ordre judiciaire.

Aujourd'hui encore, nous pensons que souvent la partie fera bien de se faire assister d'un avocat, mais le conseil du juge-commissaire à cet égard sera écouté par elle, et vaudra mieux que l'obligation imposée par la loi.

Les résultats obtenus pour les ordres sont tels, qu'on ne devrait pas hésiter à adopter le même système pour toutes les procédures, et c'est là ce que nous proposons.

30. Notre démonstration n'est-elle pas complète ? Avons-nous besoin d'indiquer comment notre système serait appliqué aux référés, aux partages, à d'autres procédures ? Les demandes sur requêtes sont déjà soumises à cette forme ; les tribunaux statuent sur rapport d'un juge, après renseignements pris auprès des parties, des juges de paix, des maires, etc.

31. Nous ne voulons pas légiférer ici ; nous avons seulement voulu poser un principe qui régénérerait la procédure, qui la simplifierait, qui l'améliorerait sous tous les rapports, au point de vue des formes comme à celui des personnes, qui ouvrirait une ère féconde au progrès, à la bonne administration de la justice.

Substituer à l'avoué, le juge pour la direction de la procédure, pour l'instruction qui serait faite avec impartialité, rapidité et économie, dans l'intérêt de la vérité seule, et non plus dans celui de chaque partie ; l'avocat pour unique conseil aux parties, pour éclairer et provoquer au besoin l'action du juge, n'est-ce pas un progrès ?

N'est-ce pas aussi un progrès que d'attacher un juge à chaque procédure dès sa naissance pour en prévenir les abus, pour concilier les parties aussitôt que l'occasion naîtra ?

N'est-ce pas un progrès d'exclure de l'audience publique tout ce qui n'est pas vraiment litigieux, et d'assurer ainsi la plus prompte expédition des affaires ?

32. Du système général, la réforme s'étendra à tous les détails.

Au greffe civil, on aurait, comme elles existent au greffe criminel, des formules imprimées, dont on n'aurait à garnir que les blancs ; les formalités seraient moins nombreuses, et le travail serait encore ainsi simplifié.

33. Le tarif serait réglé sur des bases toutes nouvelles.

Les frais se composeraient, outre ceux dus aux huissiers, aux greffiers personnellement, aux experts, témoins, et pour quelques opérations d'instruction, des droits du trésor déjà perçus sous divers noms, et qui comprendraient ceux que les avoués recevaient à titre d'honoraires, droits qui reviendraient au trésor après la suppression des offices.

Ces droits, qui pourraient être successivement abaissés au fur et à mesure de l'amortissement du prix des offices, devraient par esprit de simplification, et pour éclairer facilement le justiciable sur les frais auxquels il s'expose, être fixés à un chiffre invariable pour chaque procédure, et proportionnellement à l'importance de l'affaire.

Le papier timbré serait supprimé au civil comme au criminel. Un droit unique serait perçu en remplacement de tous les anciens.

L'avance de ces frais serait exigée par le receveur de l'enregistrement.

Dans un autre système, le greffier en serait responsable, en exigerait ou en ferait lui-même l'avance.

Ceux qui ne pourraient faire l'avance recourraient à l'assistance judiciaire.

Des plaideurs insolvables ne craignent pas de faire de mauvais procès dont leurs adversaires subissent les frais : la nécessité de faire l'avance des frais mettrait fin à cette spéculation, que la négligence des avoués, quelquefois le désir d'avoir des procès, ne leur font pas assez éviter.

34. Comment réaliser la réforme financièrement ?

Les offices d'avoués ont une valeur de 120 millions.

Ces 120 millions leur produisent au moins 15 %, en prenant pour base les calculs de la chancellerie pour la vente des offices.

120 millions ! Quel monument, quel petit chemin de fer, quelle guerre ne coûtent pas cette somme ?

Et quelle féconde réforme serait opérée à l'aide de ces 120 millions !

Elle pourrait même ne rien coûter.

En maintenant les frais tels qu'ils existent pendant dix ans, si l'on réfléchit que ces 120 millions produisent 15 %, que les formalités seraient infiniment moins dispendieuses, le capital serait amorti et, au bout de ce laps de temps, la réforme serait complète.

Dès à présent même, les frais pourraient être abaissés, en prolongeant un peu le temps de l'amortissement. L'abaissement des frais pourrait être graduel.

35. La suppression des offices d'avoués rendrait plus importante la valeur des greffes. Le gouvernement étudierait s'il ne conviendrait pas de les acheter pour supprimer la vénalité en nommant lui-même des fonctionnaires qui seraient en même temps receveurs de tous les droits à percevoir sur les actes judiciaires.

Cette opération, dans tous les cas, n'offrirait qu'un bénéfice destiné à payer en partie le prix des offices d'avoués.

On pourrait subvenir au surcroît de travail des greffes par la nomination de nouveaux commis-greffiers, payés par le gouvernement ou bien par le greffier en chef, en lui accordant des droits sur les nouveaux actes mis à sa charge.

36. La position des huissiers mérite aussi d'attirer l'attention.

La suppression des avoués leur serait utile sous un rapport ; car les avoués qui leur donnent du travail, le font souvent préparer dans leurs études et retiennent une partie des honoraires. Des huissiers ont réclamé et le travail et les honoraires ; leurs plaintes n'ont pu toujours se faire entendre.

Mais si les formalités sont diminuées, leur travail et leurs bénéfices seront réduits.

On ne peut bien prévoir les résultats de la réforme à cet égard.

Le gouvernement veillerait avec soin à ces résultats, étudierait les moyens d'améliorer la position de ces officiers ministériels, en leur conférant certains services des contri-

butions indirectes, en leur permettant d'exercer certaines
industries compatibles avec leur ministère, en les aidant à
supprimer des offices quand le nombre des huissiers serait
trop considérable.

Ami passionné du progrès, nous ne voudrions pas
qu'il fût réalisé, dans l'intérêt de tous, aux dépens de quelques-uns.

C'est pour ce motif que nous demandons la suppression des offices d'avoués avec indemnité, plutôt que l'avi-
lissement de leur valeur sans indemnité.

C'est aussi pour cela que nous appelons la sollicitude
du gouvernement sur la position précaire des huissiers, afin
qu'elle soit améliorée suivant les besoins que l'expérience révélera.

37. Un dernier mot.

Quand la procédure aurait ainsi été simplifiée, le plus
qu'il est possible de le faire, quand l'indépendance absolue des
magistrats aurait été mise à l'abri de toute atteinte, un
nouveau progrès, dont la portée serait immense pour la
liberté individuelle, et pour la liberté générale, dont elle est
la source première, s'accomplirait nécessairement, en attribuant aux tribunaux ordinaires et de droit commun la juridiction contentieuse administrative. La suppression des conseils de préfecture réaliserait plus qu'une économie, elle
consacrerait l'une des plus grandes conquêtes de la liberté
civile.

Lyon. - Imprimerie d'A. Perisse, Jules Rossier, successeur, rue Mercière, 47.

9 782014 037340